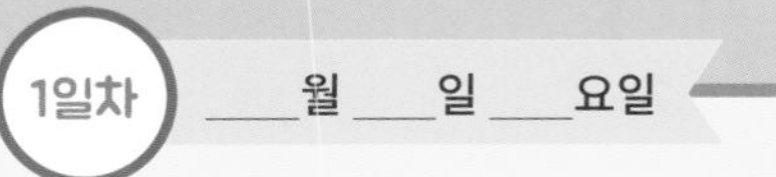

상급자를 위한 30일 완성! '파닉스 * 420개 영단어 정복' 프로그램

1일차 ___월 ___일 ___요일

- a의 에이, 애, 어, 이
- ar의 아~ㄹ

cake, cage, face, wave, paper, ant, apple, bat, map, black, across, adult, agree, balloon, banana, image, village, damage, message, surface, arm, car, star, guitar, radar

16~20쪽

2일차 ___월 ___일 ___요일

- ai, ay의 에이
- Quiz 1~4

mail, rain, brain, pay, May

21~25쪽

3일차 ___월 ___일 ___요일

- au, aw의 어~
- b의 ㅂ와 묵음
- c의 ㅋ, ㅆ

author, August, caution, straw, hawk, baby, bean, bear, beach, bottle, climb, bomb, comb, thumb, lamb, cat, cut, carrot, cookie, coffee, city, circle, pencil, spicy, bicycle

26~30쪽

4일차 ___월 ___일 ___요일

- ch의 취
- Quiz ~

chair, chain, cheese, watch, lunch

31~35쪽

5일차 ___월 ___일 ___요일

- ce의 ㅆ
- ck의 ㅋ
- ch의 ㅋ, 쉬
- c의 묵음
- d의 ㄷ

ice, police, juice, peace, palace, luck, sick, truck, duck, sock, choir, school, echo, chef, machine, scene, scent, scissors, science, muscle, door, dance, dentist, wind, field

36~40쪽

6일차 ___월 ___일 ___요일

- dr의 드ㄹ
- Quiz 1~4

drug, draw, drive, dream, hundred

41~45쪽

7일차 ___월 ___일 ___요일

- e의 이, 에
- e의 묵음
- er의 어~ㄹ
- en의 은~

hero, fever, eraser, below, evening, egg, bed, neck, letter, smell, love, table, stone, nurse, bubble, tiger, singer, danger, number, tower, oven, seven, heaven, garden, rotten

46~50쪽

8일차 ___월 ___일 ___요일

- ew, eu, eau의 유
- Quiz 1~4

few, news, view, Europe, beauty

51~55쪽

9일차 ___월 ___일 ___요일

- ee, eo, ey의 이
- ea의 이, 에
- f의 ㅍ
- g의 ㅈ 또는 쥐

sheep, green, sleep, people, money, head, bread, sweat, eat, peach, fire, flag, flower, leaf, beef, girl, glass, glove, pig, angry, gym, giant, giraffe, angel, bridge

56~60쪽

10일차 ___월 ___일 ___요일

- gh의 묵음
- Quiz 1~4

light, night, fight, eight, weight

61~65쪽

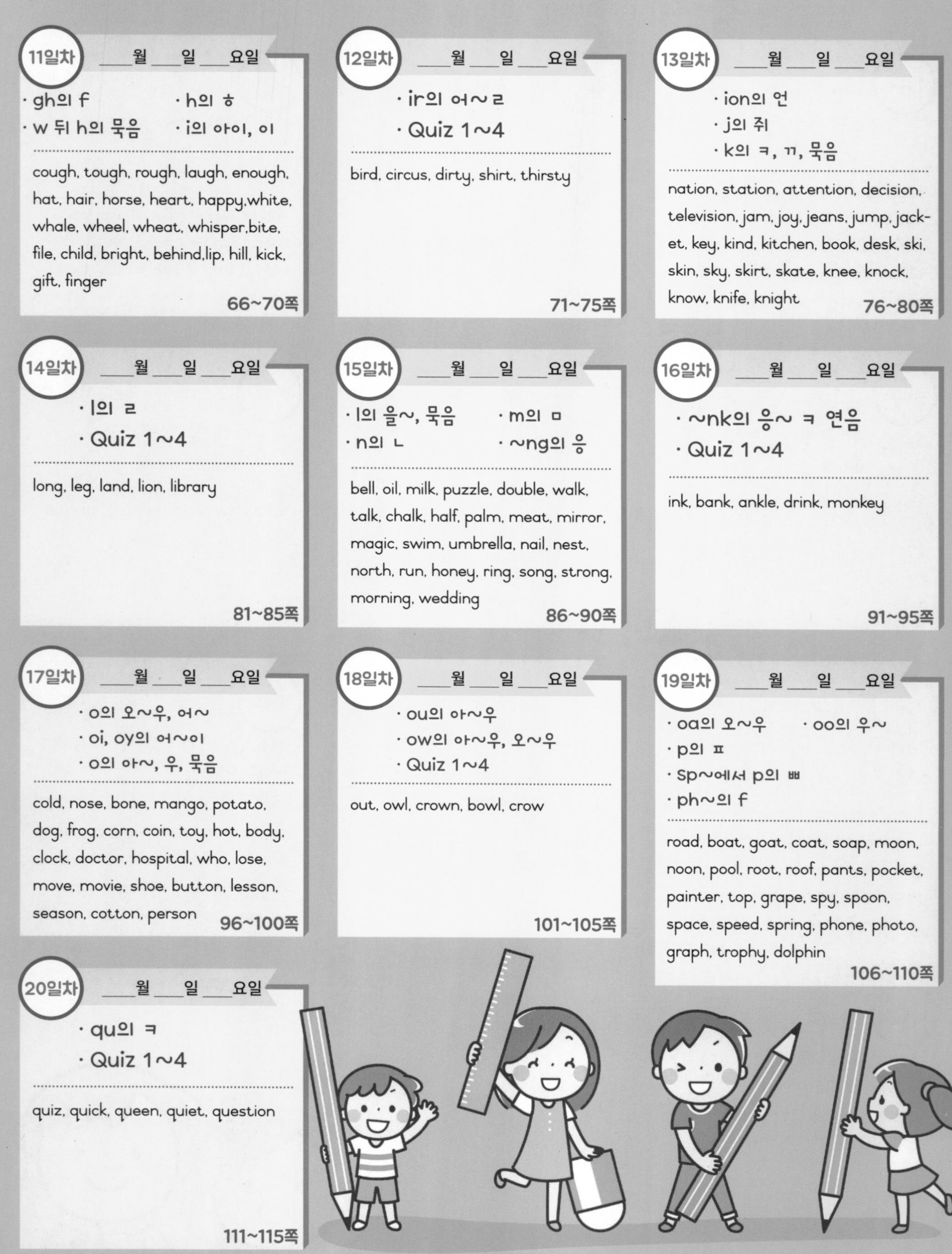

11일차 ___월___일___요일

· gh의 f
· h의 ㅎ
· w 뒤 h의 묵음
· i의 아이, 이

cough, tough, rough, laugh, enough, hat, hair, horse, heart, happy,white, whale, wheel, wheat, whisper,bite, file, child, bright, behind,lip, hill, kick, gift, finger

66~70쪽

12일차 ___월___일___요일

· ir의 어~ㄹ
· Quiz 1~4

bird, circus, dirty, shirt, thirsty

71~75쪽

13일차 ___월___일___요일

· ion의 언
· j의 쥐
· k의 ㅋ, ㄲ, 묵음

nation, station, attention, decision, television, jam, joy, jeans, jump, jacket, key, kind, kitchen, book, desk, ski, skin, sky, skirt, skate, knee, knock, know, knife, knight

76~80쪽

14일차 ___월___일___요일

· l의 ㄹ
· Quiz 1~4

long, leg, land, lion, library

81~85쪽

15일차 ___월___일___요일

· l의 을~, 묵음
· m의 ㅁ
· n의 ㄴ
· ~ng의 응

bell, oil, milk, puzzle, double, walk, talk, chalk, half, palm, meat, mirror, magic, swim, umbrella, nail, nest, north, run, honey, ring, song, strong, morning, wedding

86~90쪽

16일차 ___월___일___요일

· ~nk의 응~ ㅋ 연음
· Quiz 1~4

ink, bank, ankle, drink, monkey

91~95쪽

17일차 ___월___일___요일

· o의 오~우, 어~
· oi, oy의 어~이
· o의 아~, 우, 묵음

cold, nose, bone, mango, potato, dog, frog, corn, coin, toy, hot, body, clock, doctor, hospital, who, lose, move, movie, shoe, button, lesson, season, cotton, person

96~100쪽

18일차 ___월___일___요일

· ou의 아~우
· ow의 아~우, 오~우
· Quiz 1~4

out, owl, crown, bowl, crow

101~105쪽

19일차 ___월___일___요일

· oa의 오~우
· oo의 우~
· p의 ㅍ
· sp~에서 p의 ㅃ
· ph~의 f

road, boat, goat, coat, soap, moon, noon, pool, root, roof, pants, pocket, painter, top, grape, spy, spoon, space, speed, spring, phone, photo, graph, trophy, dolphin

106~110쪽

20일차 ___월___일___요일

· qu의 ㅋ
· Quiz 1~4

quiz, quick, queen, quiet, question

111~115쪽

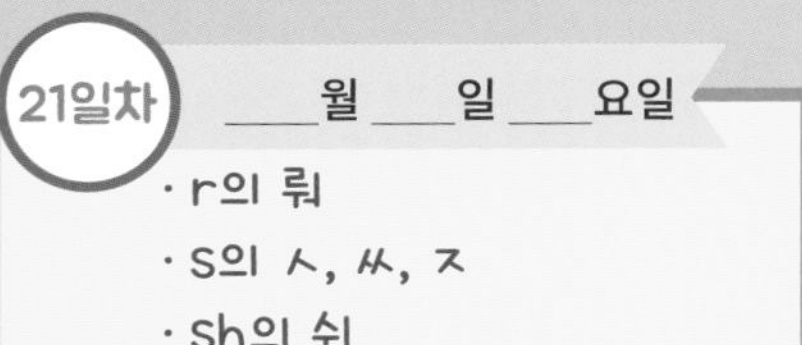

21일차 ___월___일___요일

- r의 뤄
- S의 ㅅ, ㅆ, ㅈ
- Sh의 쉬

rich, read, rocket, rabbit, rainbow, snow, slow, smile, scream, student, sun, salt, sand, soccer, seesaw, pose, close, busy, visit, music, ship, shark, wash, dish, finish

116~120쪽

22일차 ___월___일___요일

- t의 ㅌ
- Quiz 1~4

tall, tail, fat, gate, between

121~125쪽

23일차 ___월___일___요일

- t의 ㅊ, ㄸ
- th의 ㄸ, ㄷ
- ~ture에서 t의 춰~ㄹ

tree, train, triangle, street, straw-berry, stop, stand, study, store, start, three, thin, bath, tooth, mouth, mother, father, weather, together, breathe, culture, nature, gesture, picture, adventure

126~130쪽

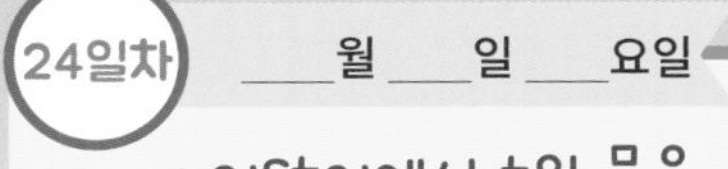

24일차 ___월___일___요일

- ~St~에서 t의 묵음
- Quiz 1~4

listen, fasten, castle, whistle, Christmas

131~135쪽

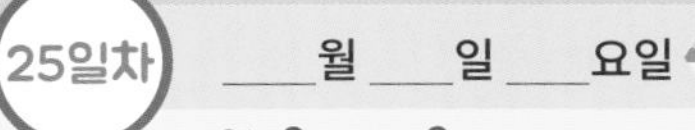

25일차 ___월___일___요일

- u의 유, 어, 우
- V의 ㅂ
- W의 우~

cute, tulip, curious, museum, computer, under, hunt, brush, turn, chruch, push, glue, fruit, mouse, mountain, voice, video, victory, river, heavy, wall, water, way, wait, wing

136~140쪽

26일차 ___월___일___요일

- W(r, h, S와 결합)의 묵음
- Quiz 1~4

write, wrong, whole, answer, sword

141~145쪽

27일차 ___월___일___요일

- X의 ㅅ, Z
- Y의 이, 아이

box, fox, fix, taxi, exit, exam, exact, exhibit, example, xylophone, yoga, yard, yellow, yell, yacht, ready, candy, hungry, family, memory, fly, fry, cry, dry, shy

146~150쪽

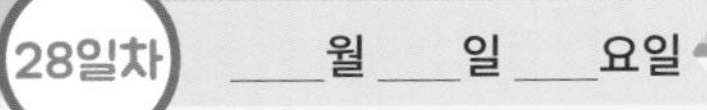

28일차 ___월___일___요일

- Z의 ㅈ~
- Quiz 1~4

zoo, zebra, zigzag, size, lazy

151~155쪽

29일차 ___월___일___요일

Quiz 복습(A ~ L-1)

22~25쪽, 32~35쪽, 42~45쪽, 52~55쪽, 62~65쪽, 72~75쪽, 82~85쪽

30일차 ___월___일___요일

Quiz 복습(L-2 ~ Z)

92~95쪽, 102~105쪽, 112~115쪽, 122~125쪽, 132~135쪽, 142~145쪽, 152~155쪽

NAME

기초튼튼 따라쓰기 시리즈

이제 혼자서도 영어책을 읽을 수 있어요!

스프링북

파닉스 영단어 따라쓰기

이장호 교수 감수
옥스퍼드대학교
교육학 박사
OXFORD

브레이니 스쿨 지음

스프링북

파닉스 * 영단어 따라쓰기

지은이 | 브레이니 스쿨
감수자 | 이장호
디자인 | design 86

발행처 | 시간과공간사
발행인 | 최훈일

신고번호 | 제2015-000085호
신고연월일 | 2009년 11월 27일

초판 1쇄 인쇄 | 2021년 10월 10일
초판 4쇄 발행 | 2024년 11월 14일

주소 | (10594) 경기도 고양시 덕양구 통일로 140 삼송테크노밸리 A동 351호
전화번호 | (02) 325-8144(代)
팩스번호 | (02) 325-8143
이메일 | pyongdan@daum.net

ISBN | 979-11-90818-11-7(64700)
979-11-90818-09-4(세트)

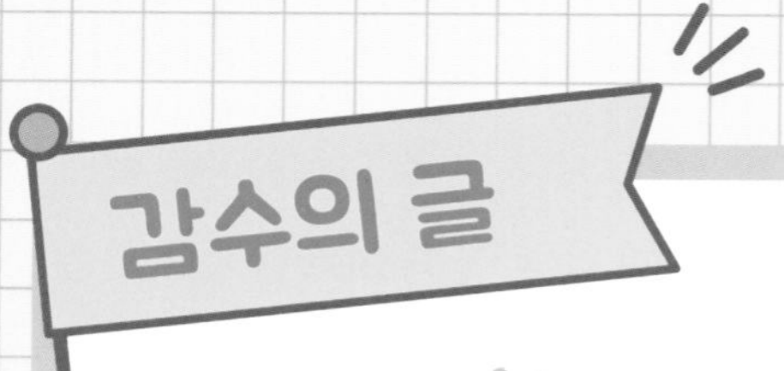

"파닉스 학습을 위한 첫 교재로 추천"
"영어 읽기와 영단어를 동시에 익혀요!"

파닉스란 무엇이고, 왜 배워야 할까요?

파닉스란 각 알파벳이 가진 소리를 배우고, 그 소리들을 조합해 단어를 읽는 규칙을 학습하는 것을 말합니다. 그럼 왜 파닉스를 배워야 할까요?

파닉스를 배우는 이유는 처음 보는 영어 단어도 바로 읽을 수 있도록 하기 위해서입니다. 파닉스 훈련을 잘하면 알파벳과 소리 사이의 규칙을 저절로 터득하기에 그렇습니다.

예를 들면 알파벳 'c'는 cat에서는 /ㅋ/ 비슷한 소리가 나지만, ice에서는 /ㅆ/와 유사한 소리가 납니다. c 다음에 나오는 알파벳에 따라 c의 소리가 달라지는 것이지요. 파닉스를 학습하면 이처럼 알파벳의 조합에 따른 발음의 규칙성을 저절로 이해하게 됩니다. 영어 읽기 초기 단계에서 파닉스 공부가 매우 중요한 이유이지요.

영어는 문자와 소리의 관계가 복잡한 언어이기 때문에, 파닉스 훈련이 더더욱 필요합니다. 파닉스를 꾸준히 학습해 영어의 발음 규칙을 익히면 영어 읽기가 더욱 순조로워질 것입니다. 그럼 당연히 영어 과목에 자신감이 붙겠지요.

정형화된 한국식 발음에서 벗어나요.

그럼 어떻게 해야 파닉스를 쉽고 효과적으로 배우게 될까요? 가장 중요한 것은 소리를 잘 듣고, 그대로 따라 발음하고, 각 발음을 잘 기억하는 것입니다.

《스프링북 파닉스 * 영단어 따라쓰기》는 복잡하고 어렵게 느껴지는 영어 파닉스 학습을 위한 첫 교재로 제가 추천하는 책인데요. 그 이유는 첫째, 각 알파벳의 발음을 쉽고 재미있게 정확히 익히도록 체계적으로 잘 제시하고 있어서입니다. 이 책의 페이지 순서를 따라가기만 하면 저절로 파닉스 훈련이 이루어질 것입니다.

둘째, 각 발음에 해당하는 예시 단어를 교육부 지정 초등 필수 영단어에서 제시했습니다. 발음당 5개씩 총 420개의 단어를 담았으므로, 이 책에 나온 단어만 익혀도 초등 영어의 어휘력은 전혀 부족함이 없을 것입니다.

셋째, 원어민 선생님이 들려주시는 발음을 반복해서 들을 수 있게 했고, 들리는 그대로 아이들이 발음을 직접 써 보는 코너를 마련했습니다. 그 이유는 가령 milk, school의 발음을 /밀!크!/ /스!쿨!/ 같은 정형화된 한국식 발음기호에 물드는 것을 방지할 수 있기 때문입니다. milk는 /미을~ㅋ/ school은 /슥꾸~을/처럼 들리는 그대로 자신감 있게 써 보세요.

넷째, 목표 발음에 해당하는 알파벳과 발음기호를 빨간색으로 표기해 아이들의 집중력을 향상시키고자 했습니다. 다섯째, 단어와 함께 해당 이미지를 보여줌으로써 아이들이 발음, 철자, 뜻을 동시에 익히도록 했습니다. 익힌 단어를 여러 번 쓸 수 있는 공간도 마련했습니다.

끝으로, 학습한 발음을 재미있는 퀴즈를 통해 복습할 수 있도록 한 것도 이 책의 중요한 장점입니다. 총 4종의 퀴즈는 아이들이 저절로 원어민 발음에 익숙해질 뿐만 아니라, 스스로 단어를 습득하고 정확한 철자를 익히도록 만든 장치입니다.

《스프링북 파닉스 * 영단어 따라쓰기》를 통해 어린이 여러분이 쉽고 즐겁게 영어책을 읽을 수 있는 기초를 다질 수 있기를 바랍니다.

이장호 교수

이 책의 구성과 활용법

영어책을 혼자서도 막힘 없이 잘 읽기 위해서는 파닉스 훈련이 필수입니다. 파닉스 훈련과 더불어 본문에서는 한국식의 정형화된 발음에 물들지 않고 자연스럽게 원어민 발음을 습득할 수 있도록 다양한 장치들을 곳곳에 마련했습니다. 파닉스 책에 흔히 등장하는 어려운 문법 용어들을 뺀 대신, A부터 Z까지 알파벳 순서에 따라 배치하고 아이들이 직접 쓰는 부분을 늘림으로써 접근성을 높였습니다.

같은 알파벳이라도 단어 속 위치에 따라, 혹은 다른 알파벳과의 조합에 따라 달라지는 영어 발음의 변형성을 익혀요.

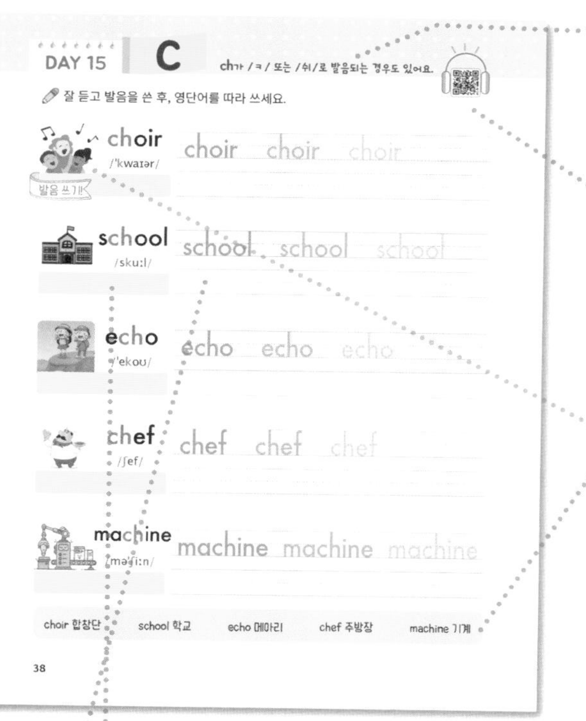

Step 1. 발음 규칙 이해

페이지 상단에 있는 발음 설명을 먼저 잘 읽습니다.

Step 2. 발음 듣기

우측 상단의 QR코드를 찍어 원어민 선생님의 발음으로 단어를 듣습니다.

Step 3. 단어 따라 읽고, 뜻 이해하기

발음을 듣고 따라 읽습니다. 그림을 보며 단어 뜻을 확인한 뒤, 페이지 하단에 있는 뜻을 읽습니다.

교육부 지정 초등 필수 영단어 리스트에서 420개의 단어를 뽑았어요.

그림을 보며 단어의 뜻이 뇌리에 박히도록 했어요. 한국어로 된 뜻만 외울 때 부족한 점이 보완될 거예요.

Step 4. 소리 나는 대로 쓰기

QR코드를 찍어 들으며, 단어 하단 노란 칸에 들리는 소리 그대로 한글로 씁니다. (예: 슥꾸~을!)

Step 5. 영단어 따라 쓰기

각 단어를 큰 소리로 읽으며 우측 3선 칸 위에 따라 씁니다.

QR 코드를 찍어 원어민 선생님의 발음을 들으며 4가지 퀴즈를 풀어 보아요.

난이도가 점차 올라가는 4단계 퀴즈가 있어요. 모든 퀴즈에 파닉스와 영단어 학습의 효과를 넣었어요.

Quiz 1

Listen and Choose

잘 듣고 하단의 보기에서 알맞은 알파벳을 골라 단어의 빈칸을 채워 넣는 퀴즈입니다.

들으며 발음 복습, 그림 보며 단어의 뜻 이해, 알파벳을 쓰며 정확한 철자 연습, 단어 습득 훈련이 동시에 이루어집니다.

Quiz 2

Listen and Write

잘 듣고 그림을 보며 하단 알파벳을 알맞게 배열하는 퀴즈입니다.

들으며 발음 복습, 그림 보며 단어의 뜻 이해, 알파벳을 알맞게 배열해 쓰면서 단어가 저절로 습득되는 효과가 있습니다.

하루 1장 84일 파닉스 훈련
3개월 안에 혼자서 영어책 읽기가 가능해요!
420개 영단어 습득은 덤이에요!
4가지 재밌는 퀴즈로 복습 효과를 점프업해요!

모든 페이지마다 원어민 발음을 들을 수 있는 QR코드를 넣었어요. 파닉스에서 중요한 건 원어민 발음을 최대한 많이 듣는 거예요.

Quiz 3

QUIZ 3 Listen and Fill in the Blank

잘 듣고 단어의 빈칸을 채운 후, 단어 뜻에 해당하는 그림과 연결하세요.

1 gar○○○
2 ○○ver
3 ○○ck
4 ro○○○○
5 dan○○○
6 tab○○
7 f○○
8 b○○○ty
9 ○○rope
10 numb○○

54

Listen and Fill in the Blank

잘 듣고 동그라미 빈칸에 알맞은 알파벳을 채워 넣은 뒤 단어 뜻에 해당하는 그림과 선으로 연결하는 퀴즈입니다.

들으며 발음 복습, 그림과 연결하며 단어의 뜻 이해, 빈칸을 채우며 철자 훈련 & 단어 습득 효과가 있습니다.

Quiz 4

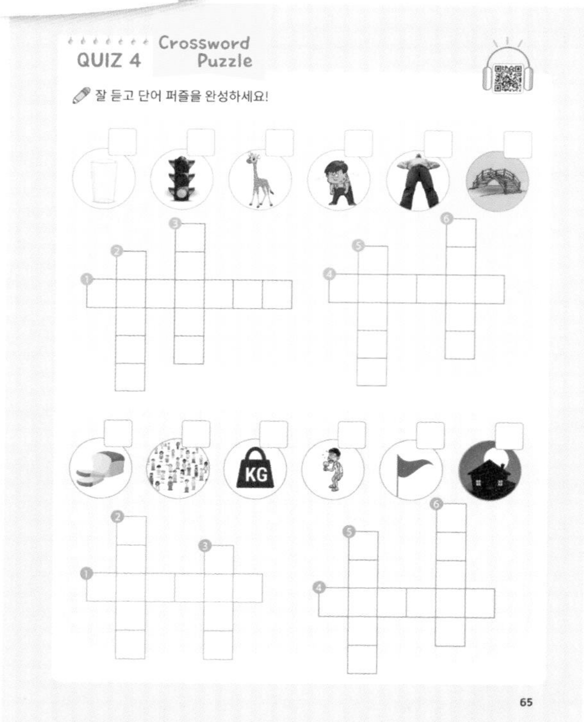
QUIZ 4 Crossword Puzzle

잘 듣고 단어 퍼즐을 완성하세요!

65

Crossword Puzzle

잘 듣고, 들려주는 순서에 따라 그림 위 빈칸에 숫자를 적습니다. 처음 들려주는 단어에 ①, 두 번째 단어에 ② 등등으로 적습니다. 단어의 번호와 하단 퍼즐의 번호가 일치하도록 퍼즐의 빈칸에 알파벳을 쓰는 퀴즈입니다.

들으며 발음 복습, 맞는 그림을 찾으며 단어의 뜻 복습, 단어 퍼즐을 완성하며 정확한 철자 연습, 단어 습득의 효과가 있습니다.

CONTENTS

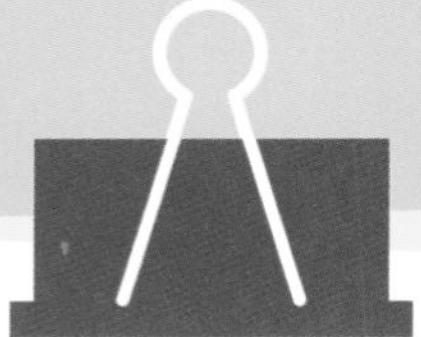

C D

E

E F G

G H I

I J K L

L M N

O

O P Q

R S T

T

U V W

X Y Z

파닉스 완전정복을 위한 **발음기호**

모음

발음기호	발음	단어	예시 단어		
			발음기호	발음	뜻
iː	이~	sleep	/sliːp/	슬리~ㅍ	잠을 자다
ɪ	이	kick	/kɪk/	킥ㅋ	(발로) 차다
e	에	egg	/eg/	에그	알
æ	애	map	/mæp/	맵ㅍ	지도
ɑː	아~	arm	/ɑːrm/	아~ㄹ암	팔
ɔː	어~	dog	/dɔːg/	더~그	개
ʊ	우	push	/pʊʃ/	푸쉬	밀다
uː	우~	moon	/muːn/	무~은	달
ʌ	어	luck	/lʌk/	럭ㅋ	행운
ɜː	어~	bird	/bɜːrd/	버~ㄹ드	새
ə	어	across	/ə'krɔːs/	어크뤄~ㅆ	가로질러
eɪ	에이	mail	/meɪl/	메이~을	우편물
oʊ	오~우	nose	/noʊz/	노우~즈	코
aɪ	아이	ice	/aɪs/	아잇~ㅆ	얼음
ɔɪ	어이	voice	/vɔɪs/	버~이ㅆ	목소리
aʊ	아우	out	/aʊt/	아웃~ㅌ	밖으로
ɪər	이어	choir	/'kwaɪər/	콰이어ㄹ	합창단
eər	에어	hair	/heər/	헤어~ㄹ	머리카락
ʊər	우워	tower	/'taʊər/	타워~ㄹ	탑

- 발음기호는 국제 음성학협회가 제정한 음성 기호를 사용했으며 미국식 영어 발음을 위주로 설명했습니다.
- 우리말에서 ㄱ ㄴ ㄷ 등의 자음과 ㅏ ㅑ ㅓ 등의 모음이 합쳐져서 글자/소리가 만들어지듯이 영어에는 b c d 등의 자음과 a e i o u 등의 모음이 합쳐져서 글자/소리가 만들어져요.
- ː 표시 바로 앞의 글자는 약간 길~게 발음해요. 예 moon/muːn/은 /문!/이 아니라 /무~은/ 이렇게 발음하면 되겠죠?
- ' 표시 바로 뒤에 있는 글자는 조금 크게 발음해요. 예 lion/'laɪən/은 /**라**이언/처럼 맨 앞에 있는 '라'를 가장 강하게 발음해요. 이처럼 맨 앞에 있는 소리에 강세가 오는 단어가 대부분이지만, decision/dɪ'sɪʒən/ /디**씨**~전/처럼 중간 소리를 강하게 발음하는 단어도 있습니다.

파닉스 완전정복을 위한 **발음기호**

자음

p	ㅍ	pants	/pænts/	팬~츠	바지
b	ㅂ	bean	/biːn/	비~인	콩
t	ㅌ	tall	/tɔːl/	터~을	키가 큰
d	ㄷ	dance	/dæns/	댄~쓰	춤
k	ㅋ	kind	/kaɪnd/	카인드	친절한
g	ㄱ	girl	/gɜːrl/	거~을	소녀
tʃ	취	lunch	/lʌntʃ/	런취	점심
dʒ	쥐	cage	/keɪdʒ/	케이쥐	새장
f	*ㅍ	flag	/flæg/	플래~그	깃발
v	*ㅂ	video	/vɪdioʊ/	비디오~우	비디오
θ	*ㄸ	thin	/θɪn/	띠인	얇은, 마른
ð	ㄷ	mother	/ˈmʌðər/	머더~ㄹ	어머니
s	ㅅ	snow	/snoʊ/	스노~우	눈
z	*ㅈ	zoo	/zuː/	주~우	동물원
ʃ	쉬	shark	/ʃaːrk/	쉬아~ㄹ크	상어
ʒ	쥐	decision	/dɪˈsɪʒən/	디씨쥐은	결정, 판단
h	ㅎ	hat	/hæt/	햇트	모자
m	ㅁ	meat	/miːt/	미~트	고기
n	ㄴ	nest	/nest/	네스트	(새의) 둥지
ŋ	응 (받침)	ring	/rɪŋ/	륑~	반지
l	ㄹ	lion	/ˈlaɪən/	라이언	사자
r	*ㄹ	rich	/rɪtʃ/	뤼취	부유한
j	이	yoga	/ˈjoʊgə/	요우거	요가
w	우	wait	/weɪt/	웨잇ㅌ	기다리다

- f, v, th, z, r 등의 발음은 우리말에 없는 발음이에요.
- 단어 쓰기의 각 발음 설명을 잘 읽고 따라 해 보세요.

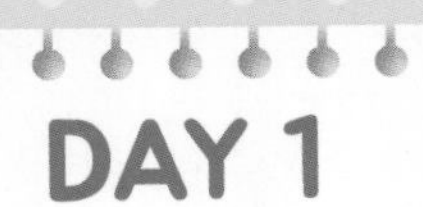

a는 뒤에 자음과 모음이 연이어 나오는 경우 /에이/로 발음해요.

 잘 듣고 발음을 쓴 후, 영단어를 따라 쓰세요.

cake
/keɪk/

발음 쓰기! 케익ㅋ

cake cake cake

cage
/keɪdʒ/

cage cage cage

face
/feɪs/

face face face

wave
/weɪv/

wave wave wave

paper
/ˈpeɪpər/

paper paper paper

cake 케이크 cage 새장 face 얼굴 wave 파도 paper 종이

DAY 2 A

a + 자음은 주로 /애/로 발음해요.

 잘 듣고 발음을 쓴 후, 영단어를 따라 쓰세요.

ant
/ænt/

발음 쓰기! 앤ㅌ

ant ant ant

apple
/ˈæpl/

apple apple apple

bat
/bæt/

bat bat bat

map
/mæp/

map map map

black
/blæk/

black black black

ant 개미 apple 사과 bat 방망이 map 지도 black 검정색

강세가 없는 a를 /어/로 발음하는 경우예요.

 잘 듣고 발음을 쓴 후, 영단어를 따라 쓰세요.

across

/əˈkrɔːs/

발음 쓰기! 어크뤄ㅆ

across across across

adult

/əˈdʌlt/

adult adult adult

agree

/əˈgriː/

agree agree agree

balloon

/bəˈluːn/

balloon balloon balloon

banana

/bəˈnænə/

banana banana banana

across ~을 가로질러 | adult 성인 | agree 동의하다 | balloon 풍선 | banana 바나나

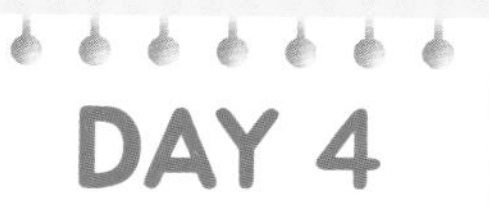

DAY 4 A

강세가 없는 a를 /이/로 발음하는 경우예요.

잘 듣고 발음을 쓴 후, 영단어를 따라 쓰세요.

image /ˈɪmɪdʒ/

발음 쓰기! 이밋쥐

image image image

village /ˈvɪlɪdʒ/

village village village

damage /ˈdæmɪdʒ/

damage damage damage

message /ˈmesɪdʒ/

message message message

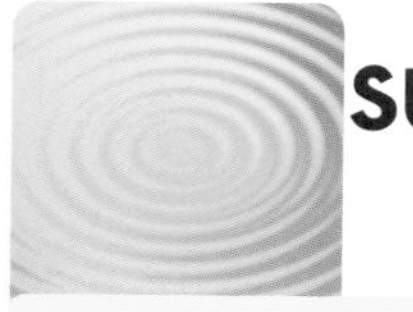

surface /ˈsɜːrfɪs/

surface surface surface

image 그림, 인상 village (작은) 마을 damage 피해 message 메시지 surface 표면

A

단어가 **ar**로 시작하거나 끝나는 경우 /아~ㄹ/로 발음해요.

 잘 듣고 발음을 쓴 후, 영단어를 따라 쓰세요.

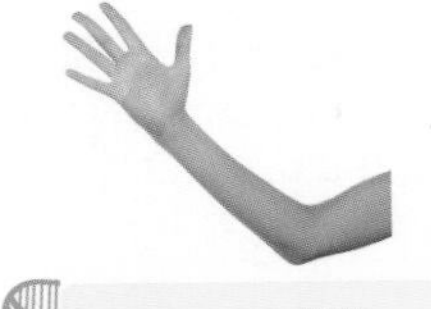

arm

/ɑːrm/

발음 쓰기! 아~ㄹ암

arm arm arm

car

/kɑːr/

car car car

star

/stɑːr/

star star star

guitar

/ɡɪˈtɑːr/

guitar guitar guitar

radar

/ˈreɪdɑːr/

radar radar radar

arm 팔 car 자동차 star 별 guitar 기타 radar 전파 탐지기

~ai, ~ay는 보통 /에이/로 발음해요.

잘 듣고 발음을 쓴 후, 영단어를 따라 쓰세요.

mail
/meɪl/
발음 쓰기! 메이~을

mail mail mail

rain
/reɪn/

rain rain rain

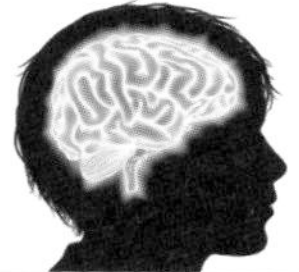

brain
/breɪn/

brain brain brain

pay
/peɪ/

pay pay pay

May
/meɪ/

May May May

mail 우편물 rain 비 brain 뇌 pay 지불하다 May 5월

'월'을 뜻하는 단어의 첫 글자는 대문자로 씁니다. (예) May, August

QUIZ 1 Listen and Choose

✏ 잘 듣고 빈칸에 알맞은 알파벳을 채워 넣어 단어를 완성하세요.

① 

st___

er or ar

② 

___t

an en am

③ 

r___n

ay ai ei

④ 

guit___

er ar ah

⑤ 

___ke

ce ka ca

⑥ 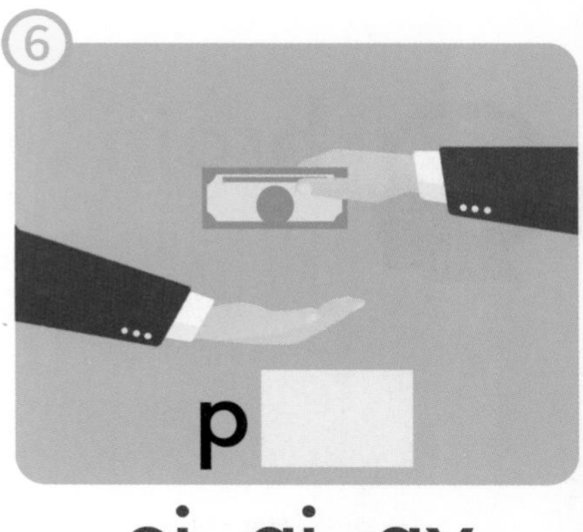

p___

ei ai ay

⑦ da___ge

mi ma na

⑧ 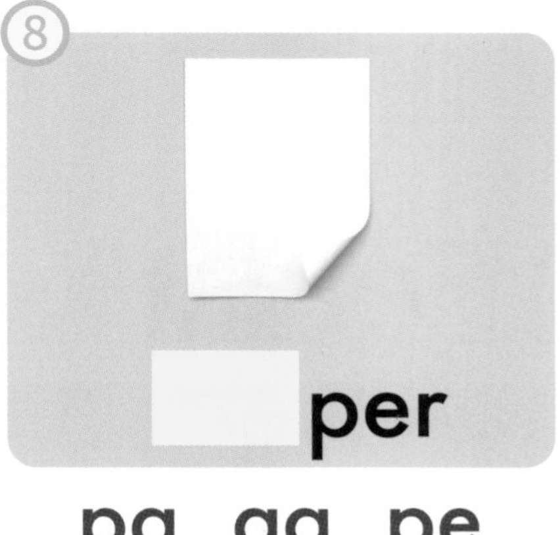

___per

pa qa pe

⑨ ___lloon

be ba da

QUIZ 2 Listen and Write

잘 듣고 주어진 알파벳을 알맞게 배열하세요.

1 a p m

2 r a c

3 e f c a

4 l i a m

5 p e p a l

6 g e s e m a s

7 n b n a a a

8 e s f c r u a

9 r e g e a

QUIZ 3 Listen and Fill in the Blank

잘 듣고 단어의 빈칸을 채운 후, 단어 뜻에 해당하는 그림과 연결하세요.

1. ◯◯ke •
2. ◯◯ve •
3. M◯◯ •
4. ◯◯t •
5. ◯◯m •
6. ra◯◯◯ •
7. ◯◯ree •
8. ◯◯◯oss •
9. i◯◯◯e •
10. sur◯◯ce •

• 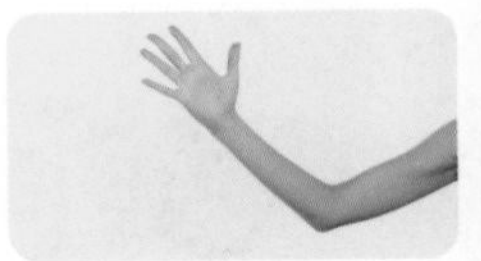

• 

• 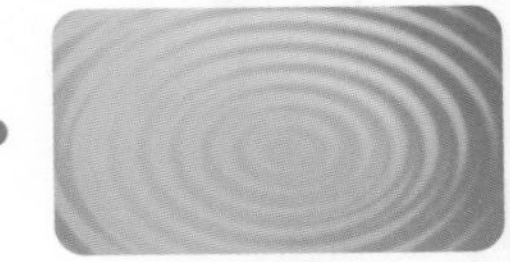

• 

• 

• 

• 

• 

• 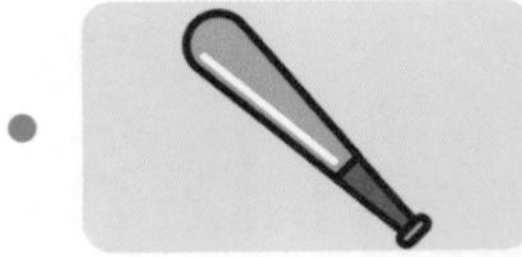

• 

QUIZ 4 Crossword Puzzle

잘 듣고 단어 퍼즐을 완성하세요!

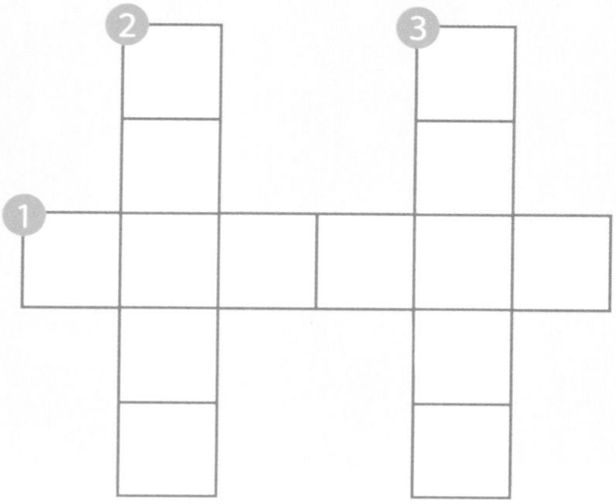

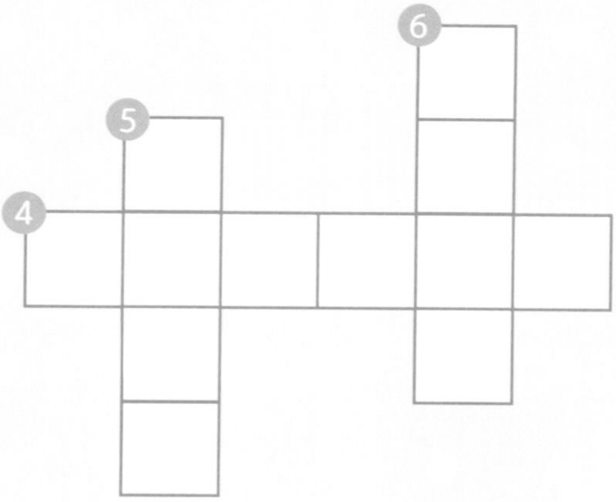

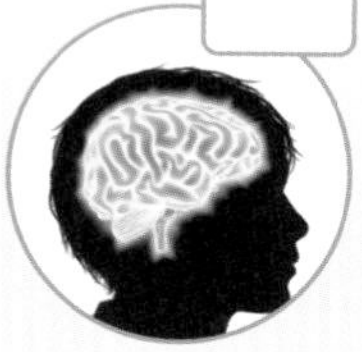

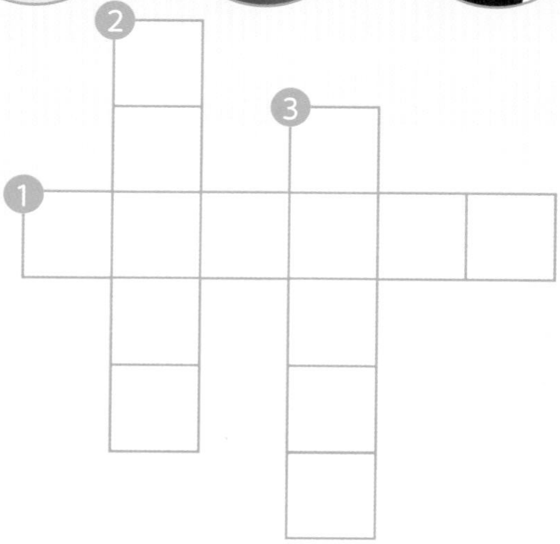

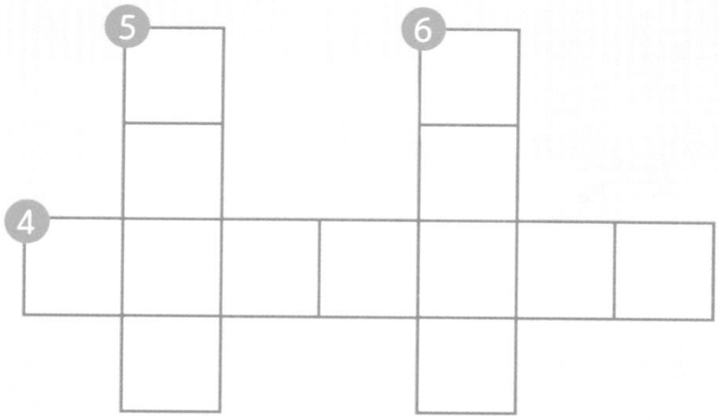

au, aw는 주로 /어~/로 발음해요.

잘 듣고 발음을 쓴 후, 영단어를 따라 쓰세요.

author
/'ɔːθər/

발음 쓰기!

author author author

August
/'ɔːgəst/

August August August

caution
/'kɔʃən/

caution caution caution

straw
/strɔː/

straw straw straw

hawk
/hɔːk/

hawk hawk hawk

author 작가 August 8월 caution 조심 straw 빨대 hawk 매

'월'을 뜻하는 단어의 첫 글자는 대문자로 씁니다. (예) May, August

DAY 8 B

입술을 안으로 말아 넣었다 떼면서 우리말 /ㅂ/처럼 발음해요.

잘 듣고 발음을 쓴 후, 영단어를 따라 쓰세요.

baby /ˈbeɪbi/

발음 쓰기!

baby baby baby

bean /biːn/

bean bean bean

bear /beər/

bear bear bear

beach /biːtʃ/

beach beach beach

bottle /ˈbaːtl/

bottle bottle bottle

baby 아기 bean 콩 bear 곰 beach 바닷가 bottle 병

m 바로 뒤에 있는 b는 발음하지 않아요.

 잘 듣고 발음을 쓴 후, 영단어를 따라 쓰세요.

climb
/klaɪm/

발음 쓰기!

climb climb climb

bomb
/bɑːm/

bomb bomb bomb

comb
/koʊm/

comb comb comb

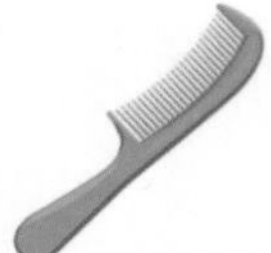

thumb
/θʌm/

thumb thumb thumb

lamb
/læm/

lamb lamb lamb

climb 올라가다 bomb 폭탄 comb 빗 thumb 엄지손가락 lamb (새끼) 양

DAY 10

C

아랫입술을 내리면서 우리말
/ㅋ/처럼 소리를 내요.

잘 듣고 발음을 쓴 후, 영단어를 따라 쓰세요.

cat
/kæt/

발음 쓰기!

cat cat cat

cut
/kʌt/

cut cut cut

carrot
/'kærət/

carrot carrot carrot

cookie
/'kʊki/

cookie cookie cookie

coffee
/'kɔːfi/

coffee coffee coffee

cat 고양이 cut 자르다 carrot 당근 cookie 쿠키 coffee 커피

DAY 11 C

c 바로 뒤에 i 또는 y가 나오면 /ㅆ/로 발음해요.

잘 듣고 발음을 쓴 후, 영단어를 따라 쓰세요.

city /ˈsɪti/

발음 쓰기!

city city city

circle /ˈsɜːrkl/

circle circle circle

pencil /ˈpensl/

pencil pencil pencil

spicy /ˈspaɪsi/

spicy spicy spicy

bicycle /ˈbaɪsɪkl/

bicycle bicycle bicycle

city 도시 circle 동그라미 pencil 연필 spicy 매운 bicycle 자전거

ch로 시작하거나 끝나는 경우
/취/로 발음해요.

 잘 듣고 발음을 쓴 후, 영단어를 따라 쓰세요.

chair
/tʃeər/

발음 쓰기!

chair chair chair

chain
/tʃeɪn/

chain chain chain

cheese
/tʃiːz/

cheese cheese cheese

watch
/waːtʃ/

watch watch watch

lunch
/lʌntʃ/

lunch lunch lunch

chair 의자 chain 사슬 cheese 치즈 watch 손목시계 lunch 점심

QUIZ 1

 잘 듣고 빈칸에 알맞은 알파벳을 채워 넣어 단어를 완성하세요.

① 

___ ear

d b w

② 

thu ___

nb mb md

③ 

___ thor

ou ar au

④ 

spi ___

ci cy sy

⑤ 

___ eese

sh ck ch

⑥ 

___ rrot

ca ce ka

⑦ 

___ ttle

da ba bo

⑧ 

str ___

au aw ae

⑨ 

___ ain

sh ch ck

QUIZ 2 Listen and Write

잘 듣고 주어진 알파벳을 알맞게 배열하세요.

1 t a c

2 n l p i c e

3 b l m a

4 s u u t A g

5 t i u c n a o

6 a y b b

7 f e f e o c

8 h n l u c

9 y e i c c l b

QUIZ 3 Listen and Fill in the Blank

잘 듣고 단어의 빈칸을 채운 후, 단어 뜻에 해당하는 그림과 연결하세요.

1 ◯◯t •

2 ◯ean •

3 ◯◯ttle •

4 cli◯◯ •

5 pen◯◯l •

6 ◯◯thor •

7 ◯◯air •

8 ◯◯gust •

9 ◯◯rcle •

10 ◯◯◯kie •

• 

• 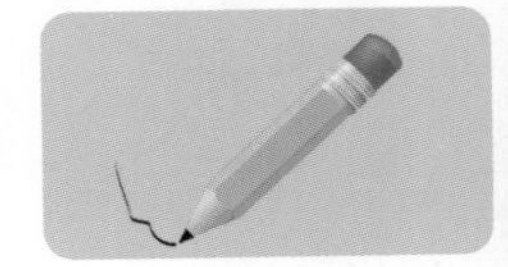

• 

• 

• 

• 

• 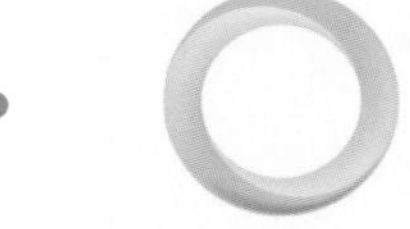

• 

• 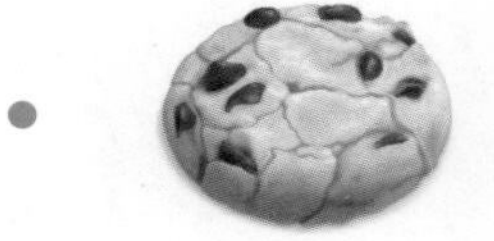

• 

QUIZ 4 Crossword Puzzle

잘 듣고 단어 퍼즐을 완성하세요!

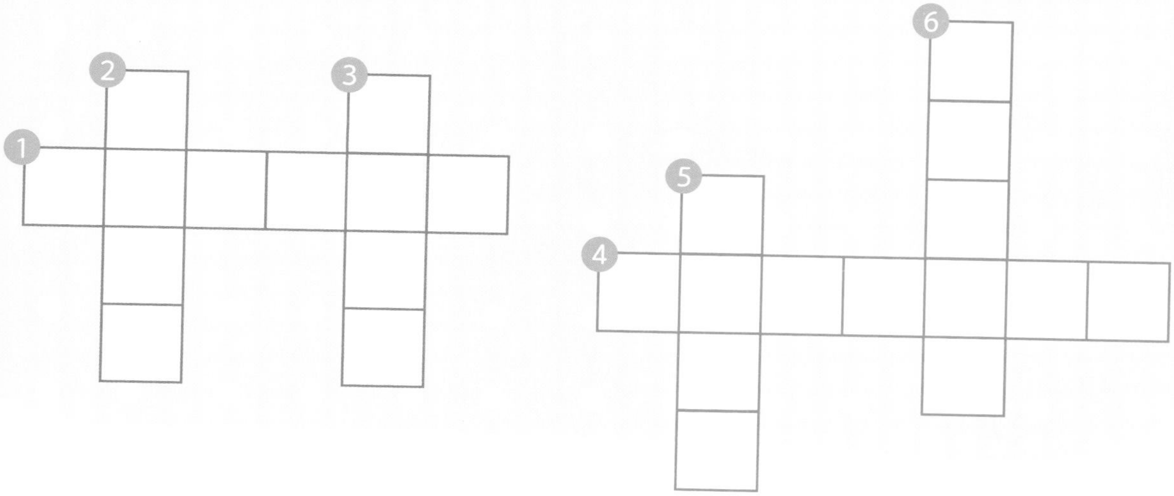

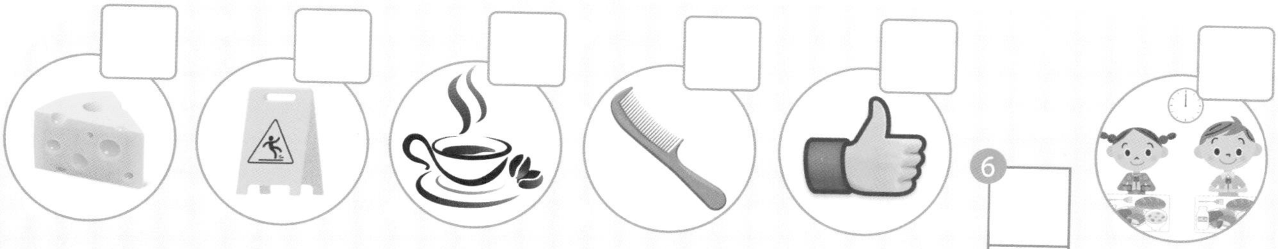

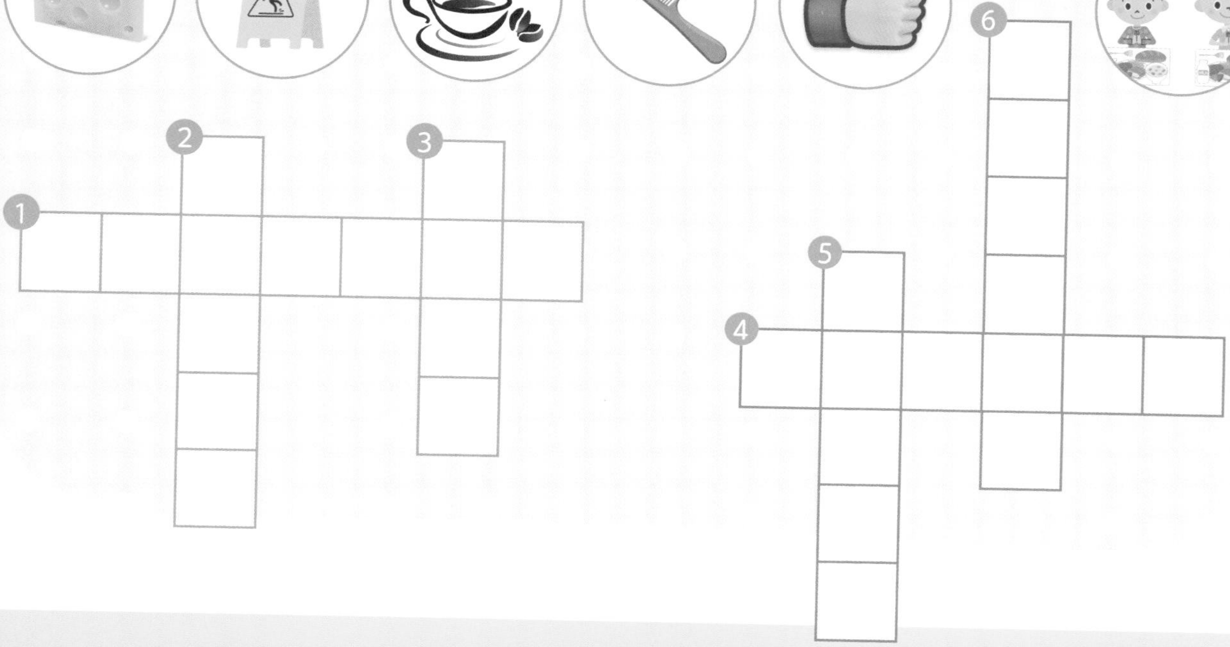

1 2 3 4 5 6

1 2 3 4 5 6

DAY 13

~ce로 끝나는 단어는 보통 /ㅆ/로 발음해요.

잘 듣고 발음을 쓴 후, 영단어를 따라 쓰세요.

ice
/aɪs/

발음 쓰기!

ice ice ice

police
/pə'liːs/

police police police

juice
/dʒuːs/

juice juice juice

peace
/piːs/

peace peace peace

palace
/'pæləs/

palace palace palace

ice 얼음　police 경찰　juice 주스　peace 평화　palace 궁전

C

단어 뒷부분에 나오는 ck 는 /ㅋ/로 발음해요.

잘 듣고 발음을 쓴 후, 영단어를 따라 쓰세요.

luck
/lʌk/

발음 쓰기!

luck luck luck

sick
/sɪk/

sick sick sick

truck
/trʌk/

truck truck truck

duck
/dʌk/

duck duck duck

sock
/sa:k/

sock sock sock

luck 행운 | sick 아픈, 병든 | truck 트럭 | duck 오리 | sock 양말

sock는 복수 형태인 socks가 주로 쓰입니다.

C

ch가 /ㅋ/ 또는 /쉬/로 발음되는 경우도 있어요.

 잘 듣고 발음을 쓴 후, 영단어를 따라 쓰세요.

choir

/ˈkwaɪər/

발음 쓰기!

choir choir choir

school

/skuːl/

school school school

echo

/ˈekoʊ/

echo echo echo

chef

/ʃef/

chef chef chef

machine

/məˈʃiːn/

machine machine machine

choir 합창단 school 학교 echo 메아리 chef 주방장 machine 기계

DAY 16

C

s 바로 뒤에 있는 c는 발음하지 않아요.

 잘 듣고 발음을 쓴 후, 영단어를 따라 쓰세요.

scene
/siːn/

발음 쓰기!

scene scene scene

scent
/sent/

scent scent scent

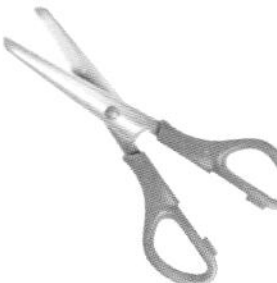

scissors
/ˈsɪzərz/

scissors scissors scissors

science
/ˈsaɪəns/

science science science

muscle
/ˈmʌsl/

muscle muscle muscle

scene (영화의) 장면 scent 향기 scissors 가위 science 과학 muscle 근육

DAY 17

혀를 윗니 뒤쪽에 대었다 떼면서 우리말 /ㄷ/처럼 발음해요.

 잘 듣고 발음을 쓴 후, 영단어를 따라 쓰세요.

door
/dɔːr/

발음 쓰기!

door door door

dance
/dæns/

dance dance dance

dentist
/ˈdentɪst/

dentist dentist dentist

wind
/wɪnd/

wind wind wind

field
/fiːld/

field field field

door 문 dance 춤, 춤추다 dentist 치과 의사 wind 바람 field 들판, 밭

D

dr~ 은 /드ㄹ/처럼 발음해요.

 잘 듣고 발음을 쓴 후, 영단어를 따라 쓰세요.

drug
/drʌg/

발음 쓰기!

drug drug drug

draw
/drɔː/

draw draw draw

drive
/draɪv/

drive drive drive

dream
/driːm/

dream dream dream

100

hundred
/ˈhʌndrəd/

hundred hundred hundred

drug 약　draw 그림을 그리다　drive 운전하다　dream 꿈, 꿈꾸다　hundred 100

QUIZ 1 Listen and Choose

잘 듣고 빈칸에 알맞은 알파벳을 채워 넣어 단어를 완성하세요.

①

s ___ ool

ck ch sh

②

si ___

sk ch ck

③

i ___

ze se ce

④

___ oor

b d p

⑤

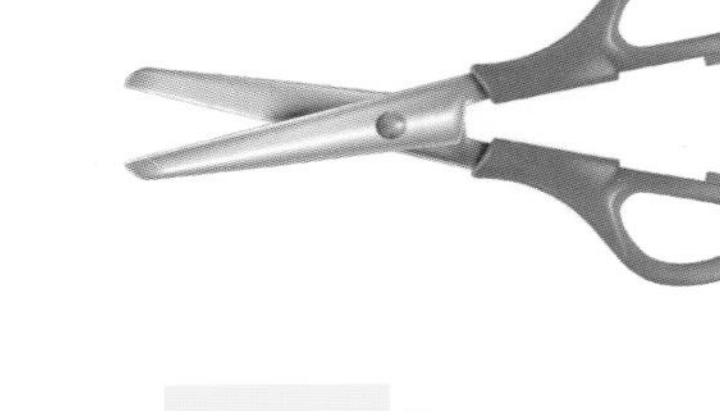

___ issors

sk st sc

⑥

___ ive

dr br pr

⑦

tru ___

sk ch ck

⑧

ma ___ ine

sh ch ck

⑨

hun ___ ed

dr br jr

QUIZ 2 Listen and Write

잘 듣고 주어진 알파벳을 알맞게 배열하세요.

1 ukcd

2 hoce

3 nidw

4 ugrd

5 icjeu

6 tcens

7 ndisett

8 cniseec

9 ceeap

QUIZ 3 Listen and Fill in the Blank

잘 듣고 단어의 빈칸을 채운 후, 단어 뜻에 해당하는 그림과 연결하세요.

1 s  •　　• 

2  oir •　　• 

3  eam •　　• 

4 ◯◯ nce •　　• 

5 pal ◯◯◯ •　　• 

6 tr ◯◯◯ •　　• 

7 ◯◯◯ nt •　　• 

8 ◯◯◯ f •　　• 

9 ◯◯ aw •　　• 

10 ◯◯◯ ne •　　• 

QUIZ 4 Crossword Puzzle

잘 듣고 단어 퍼즐을 완성하세요!

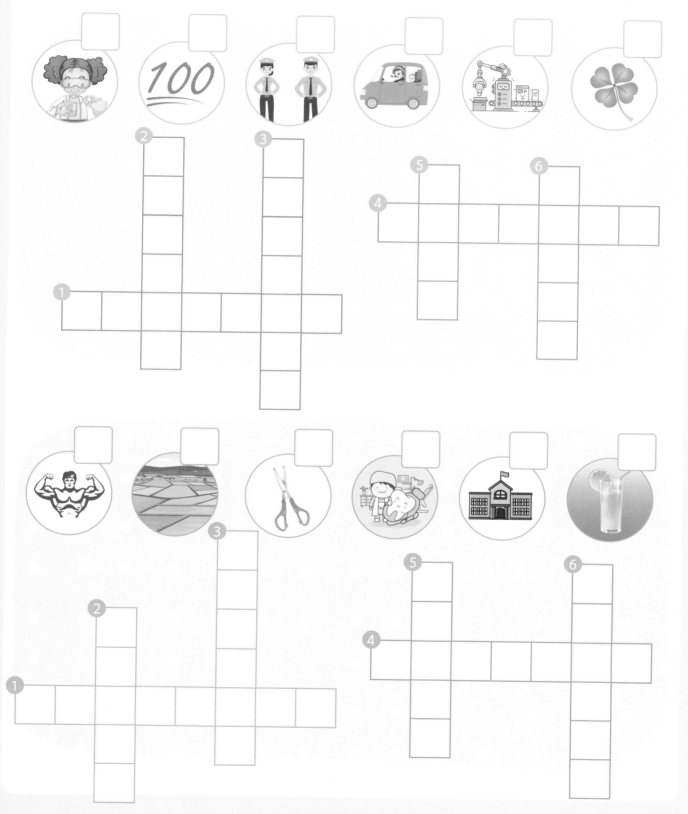

1 2 3 4 5 6

1 2 3 4 5 6

E

입을 양쪽으로 벌리고 /이/ 하고 소리를 내요.

잘 듣고 발음을 쓴 후, 영단어를 따라 쓰세요.

hero
/ˈhɪroʊ/

발음 쓰기!

hero hero hero

fever
/ˈfiːvər/

fever fever fever

eraser
/ɪˈreɪsər/

eraser eraser eraser

below
/bɪˈloʊ/

below below below

evening
/ˈiːvnɪŋ/

evening evening evening

hero 영웅 fever 열, 발열 eraser 지우개 below ~아래에 evening 저녁

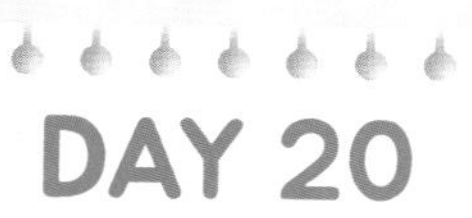

DAY 20 E

입을 살짝 벌리고 짧게 /에/ 하고 소리를 내요.

잘 듣고 발음을 쓴 후, 영단어를 따라 쓰세요.

egg
/eg/

발음 쓰기!

egg egg egg

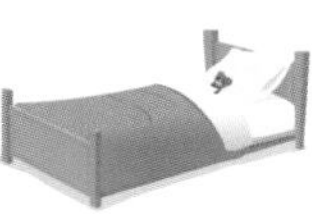

bed
/bed/

bed bed bed

neck
/nek/

neck neck neck

letter
/ˈletər/

letter letter letter

smell
/smel/

smell smell smell

egg 알　　bed 침대　　neck 목　　letter 편지, 글자　　smell 냄새, 냄새 나다

E

단어 맨 끝에 있는 e는 대부분 발음하지 않아요.

 잘 듣고 발음을 쓴 후, 영단어를 따라 쓰세요.

love
/lʌv/

발음 쓰기!

love love love

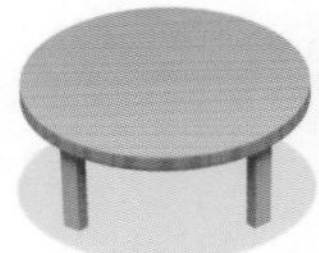

table
/ˈteɪbl/

table table table

stone
/stoʊn/

stone stone stone

nurse
/nɜːrs/

nurse nurse nurse

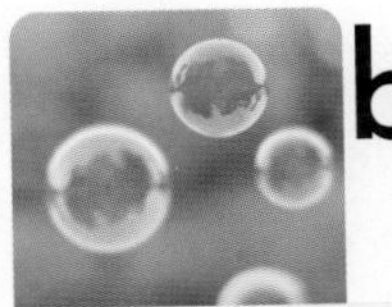

bubble
/ˈbʌbl/

bubble bubble bubble

love 사랑 table 탁자 stone 돌 nurse 간호사 bubble 거품, 비누방울

DAY 22 E

단어 끝부분의 er는 /어~ㄹ/로 발음해요.

 잘 듣고 발음을 쓴 후, 영단어를 따라 쓰세요.

tiger /ˈtaɪgər/

발음 쓰기!

tiger tiger tiger

singer /ˈsɪŋər/

singer singer singer

danger /ˈdeɪndʒər/

danger danger danger

1 2 3 **number** /ˈnʌmbər/

number number number

tower /ˈtaʊər/

tower tower tower

tiger 호랑이 singer 가수 danger 위험 number 숫자 tower 탑

E

en으로 끝나는 경우 /은~/ 하고 발음해요.

 잘 듣고 발음을 쓴 후, 영단어를 따라 쓰세요.

oven
/ˈʌvn/

발음 쓰기!

oven oven oven

seven
/ˈsevn/

seven seven seven

heaven
/ˈhevn/

heaven heaven heaven

garden
/ˈgaːrdn/

garden garden garden

rotten
/ˈraːtn/

rotten rotten rotten

oven 오븐 　 seven 7 　 heaven 천국, 낙원 　 garden 정원 　 rotten 썩은

DAY 24 E

ew, eu, eau는 /유/로 발음해요.

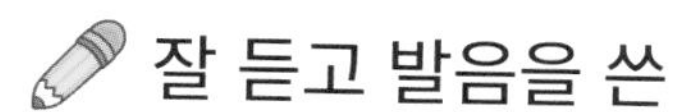

잘 듣고 발음을 쓴 후, 영단어를 따라 쓰세요.

few

/fjuː/

발음 쓰기!

few few few

news

/njuːz/

news news news

view

/vjuː/

view view view

Europe

/ˈjʊrəp/

Europe Europe Europe

beauty

/ˈbjuːti/

beauty beauty beauty

few 수가 적은 news 소식 view 경치, 관점 Europe 유럽 beauty 아름다움

지리적 명칭을 뜻하는 단어의 첫 글자는 대문자로 씁니다. (예) Asia, Africa

QUIZ 1 Listen and Choose

잘 듣고 빈칸에 알맞은 알파벳을 채워 넣어 단어를 완성하세요.

① 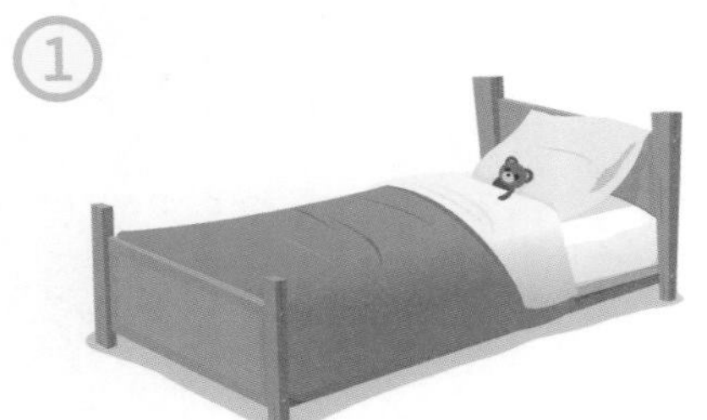

__d

be ba ve

② 

lo__

be va ve

③ 

__ro

hi he be

④ 

rott__

em en in

⑤

f__

eu ew aw

⑥ 

__rope

Fu Ew Eu

⑦ 

sing__

er ar et

⑧ 

__low

bi be de

⑨ 

tow__

ar eh er

QUIZ 2 Listen and Write

잘 듣고 주어진 알파벳을 알맞게 배열하세요.

1 geg

2 ivwe

3 nseev

4 eirgt

5 tteelr

6 snreu

7 vreef

8 noest

9 nevo

QUIZ 3 Listen and Fill in the Blank

잘 듣고 단어의 빈칸을 채운 후, 단어 뜻에 해당하는 그림과 연결하세요.

1 gar ○○○ •　　　　• 

2 ○○ver •　　　　• 

3 ○○ck •　　　　• 

4 ro○○○○ •　　　　• 

5 dan○○○ •　　　　• 

6 tab○○ •　　　　• 

7 f○○ •　　　　• 

8 b○○○ty •　　　　• 

9 ○○rope •　　　　• 

10 numb○○ •　　　　• 

QUIZ 4 Crossword Puzzle

잘 듣고 단어 퍼즐을 완성하세요!

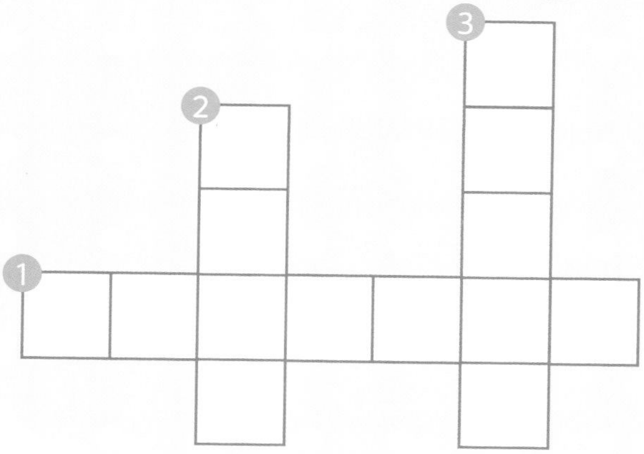

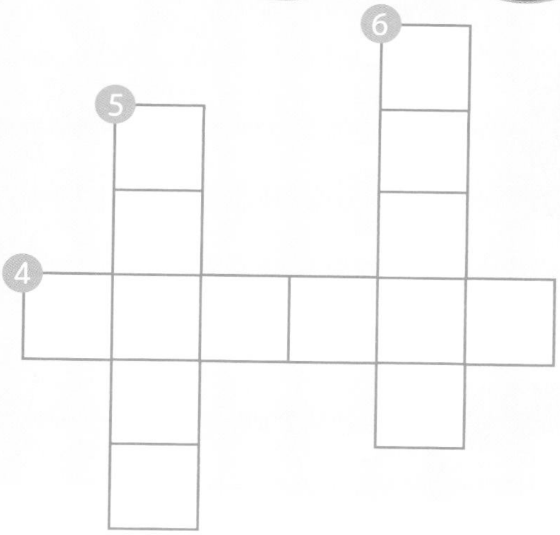

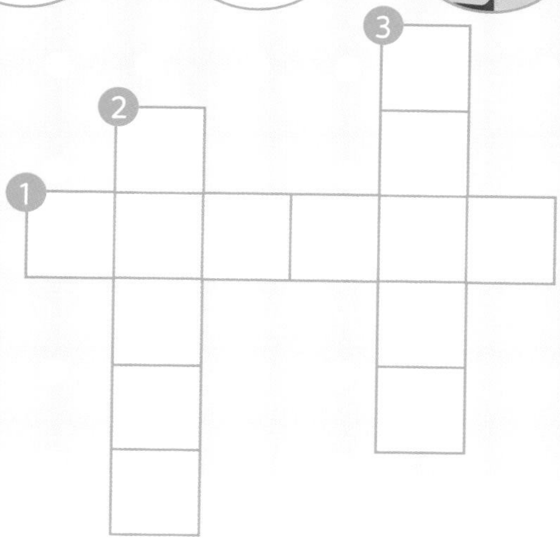

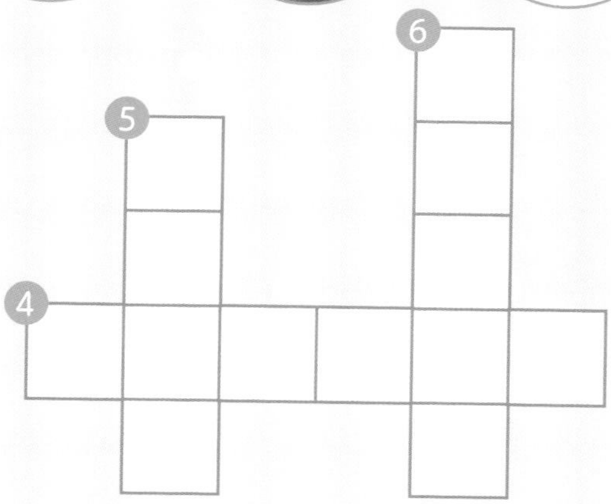

1 2 3 4 5 6

1 2 3 4 5 6

E

ee, eo, ey는 /이/로 발음해요.

 잘 듣고 발음을 쓴 후, 영단어를 따라 쓰세요.

sheep /ʃiːp/

발음 쓰기!

sheep sheep sheep

green /griːn/

green green green

sleep /sliːp/

sleep sleep sleep

people /ˈpiːpl/

people people people

money /ˈmʌni/

money money money

sheep 양 green 초록색 sleep 잠, 잠을 자다 people 사람들 money 돈

E

ea는 /에/ 또는 /이/로 발음해요.

 잘 듣고 발음을 쓴 후, 영단어를 따라 쓰세요.

head

/hed/

발음 쓰기!

head head head

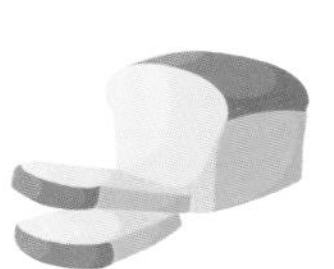

bread

/bred/

bread bread bread

sweat

/swet/

sweat sweat sweat

eat

/iːt/

eat eat eat

peach

/piːtʃ/

peach peach peach

head 머리 bread 빵 sweat 땀 eat 먹다 peach 복숭아

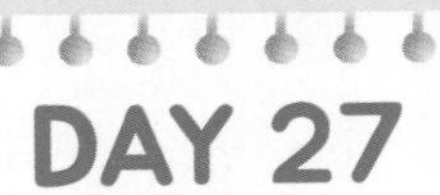

아랫입술에 윗니를 살짝 대었다 떼면서
/ ㅍ / 하고 발음해요.

잘 듣고 발음을 쓴 후, 영단어를 따라 쓰세요.

발음 쓰기!

fire /ˈfaɪər/

fire fire fire

flag /flæg/

flag flag flag

flower /ˈflaʊər/

flower flower flower

leaf /liːf/

leaf leaf leaf

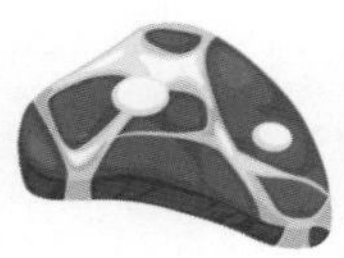

beef /biːf/

beef beef beef

fire 불　flag 깃발　flower 꽃　leaf 나뭇잎　beef 쇠고기

G

우리말 하듯 편하게 /ㄱ/ 하면 돼요.

 잘 듣고 발음을 쓴 후, 영단어를 따라 쓰세요.

girl
/gɜːrl/

발음 쓰기!

girl girl girl

glass
/glæs/

glass glass glass

glove
/glʌv/

glove glove glove

pig
/pɪg/

pig pig pig

angry
/ˈæŋgri/

angry angry angry

girl 소녀 glass 유리잔 glove 장갑 pig 돼지 angry 화난

! glove는 복수 형태인 gloves가 주로 쓰입니다.

G

e, i, y 앞에 있는 g는 보통 /ㅈ/ 또는 /쥐/로 발음해요.

잘 듣고 발음을 쓴 후, 영단어를 따라 쓰세요.

gym
/dʒɪm/

발음 쓰기!

gym gym gym

giant
/ˈdʒaɪənt/

giant giant giant

giraffe
/dʒəˈræf/

giraffe giraffe giraffe

angel
/ˈeɪndʒl/

angel angel angel

bridge
/brɪdʒ/

bridge bridge bridge

gym 체육관 giant 거인 giraffe 기린 angel 천사 bridge 다리

gym은 gymnasium의 줄임말이에요.

DAY 30

t 바로 앞의 gh는 발음하지 않아요.

잘 듣고 발음을 쓴 후, 영단어를 따라 쓰세요.

light
/laɪt/

발음 쓰기!

light light light

night
/naɪt/

night night night

fight
/faɪt/

fight fight fight

eight
/eɪt/

eight eight eight

weight
/weɪt/

weight weight weight

light 빛 night 밤 fight 싸우다 eight 8 weight 무게

QUIZ 1 Listen and Choose

잘 듣고 빈칸에 알맞은 알파벳을 채워 넣어 단어를 완성하세요.

①

p f t

②

irl

p j g

③

gy gi ji

④

lea

p g f

⑤

ea ee ae

⑥

ph gn gh

⑦

t

ea ee ae

⑧

je gi ge

⑨

h d

ae ee ea

QUIZ 2

Listen and Write

잘 듣고 주어진 알파벳을 알맞게 배열하세요.

1 enreg

2 febe

3 lovge

4 nagti

5 rebda

6 eglna

7 aphce

8 ewofrl

9 gfith

QUIZ 3 Listen and Fill in the Blank

잘 듣고 단어의 빈칸을 채운 후, 단어 뜻에 해당하는 그림과 연결하세요.

1 pi__

2 lea__

3 mon__ __

4 ei__ __t

5 __ __ __ch

6 h__ __d

7 an__ __l

8 fi__ __t

9 sh__ __p

10 __ __m

QUIZ 4 Crossword Puzzle

잘 듣고 단어 퍼즐을 완성하세요!

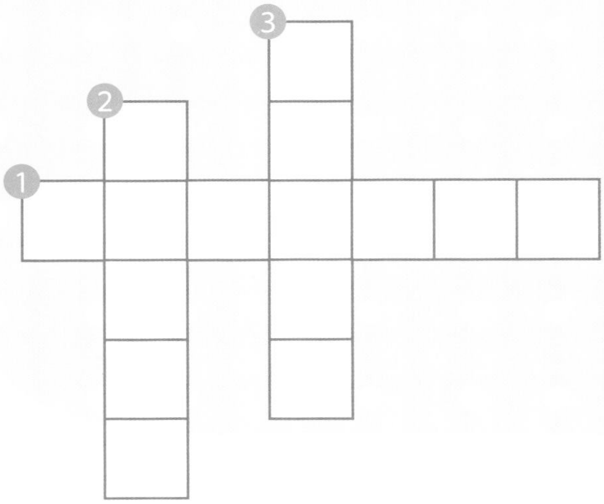

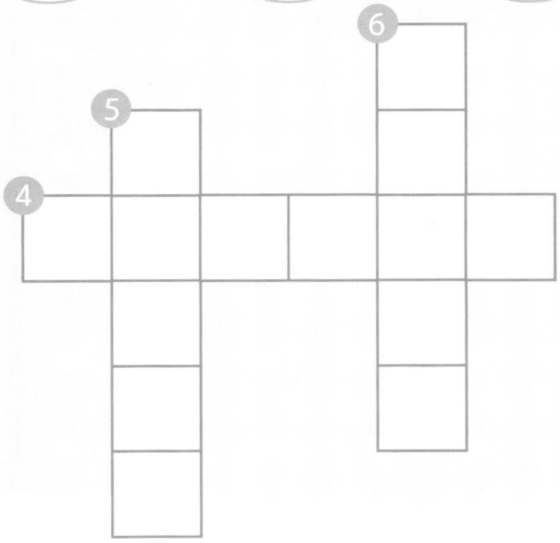

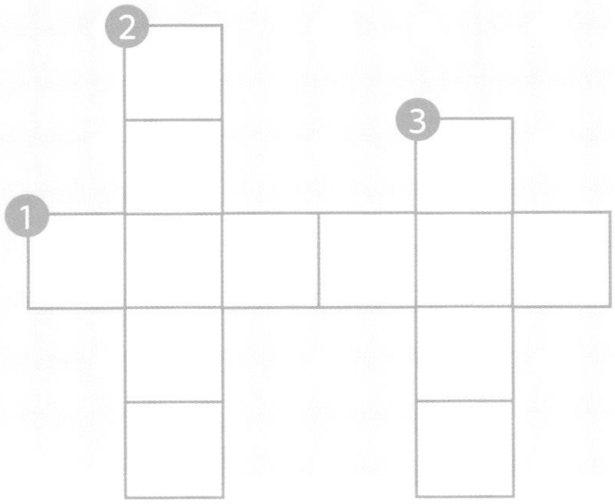

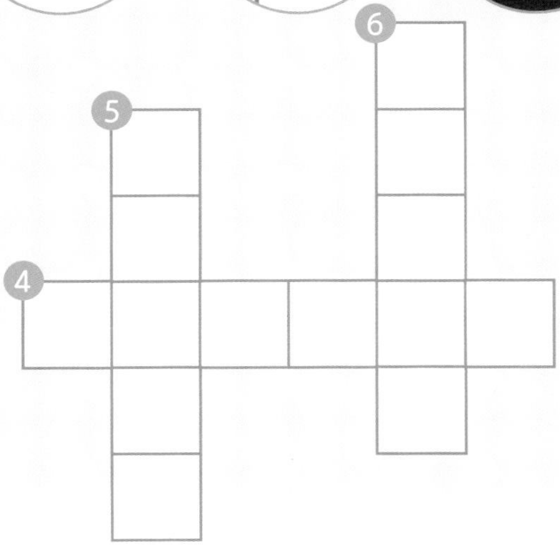

DAY 31 G

단어 끝에 있는 gh는 f의 / ㅍ / 로 발음해요.

잘 듣고 발음을 쓴 후, 영단어를 따라 쓰세요.

cough /kɔːf/

발음 쓰기!

cough cough cough

tough /tʌf/

tough tough tough

rough /rʌf/

rough rough rough

laugh /læf/

laugh laugh laugh

enough /ɪ'nʌf/

enough enough enough

cough 기침, 기침하다 tough 힘든, 강인한 rough (표면이) 거친 laugh 웃다 enough 충분한

DAY 32

H

입을 약간 벌리고 바람을 내보내며
/ㅎ/ 소리를 내면 돼요.

 잘 듣고 발음을 쓴 후, 영단어를 따라 쓰세요.

hat /hæt/

발음 쓰기!

hat hat hat

hair /heər/

hair hair hair

horse /hɔːrs/

horse horse horse

heart /hɑːrt/

heart heart heart

happy /ˈhæpi/

happy happy happy

hat 모자 hair 머리카락 horse 말 heart 심장, 마음 happy 행복한

H

w 뒤에 있는 h는 발음하지 않아요.

잘 듣고 발음을 쓴 후, 영단어를 따라 쓰세요.

white
/waɪt/

발음 쓰기!

white white white

whale
/weɪl/

whale whale whale

wheel
/wiːl/

wheel wheel wheel

wheat
/wiːt/

wheat wheat wheat

whisper
/ˈwɪspər/

whisper whisper whisper

white 하얀색 whale 고래 wheel 바퀴 wheat 밀 whisper 속삭이다

I

입을 벌리고 우리말 /아이/처럼 발음해요.

잘 듣고 발음을 쓴 후, 영단어를 따라 쓰세요.

bite

/baɪt/

bite bite bite

file

/faɪl/

file file file

child

/tʃaɪld/

child child child

bright

/braɪt/

bright bright bright

behind

/bɪ'haɪnd/

behind behind behind

bite (이로) 물다 | file 파일, 서류철 | child 어린이 | bright 빛나는 | behind 뒤에

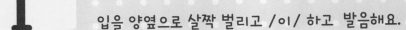

I

입을 양옆으로 살짝 벌리고 /이/ 하고 발음해요.

 잘 듣고 발음을 쓴 후, 영단어를 따라 쓰세요.

lip
/lɪp/

발음 쓰기!

lip lip lip

hill
/hɪl/

hill hill hill

kick
/kɪk/

kick kick kick

gift
/gɪft/

gift gift gift

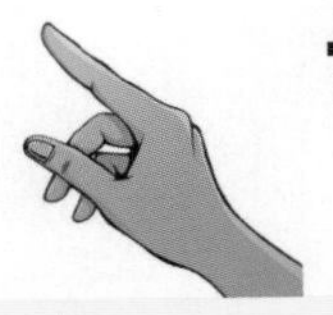

finger
/ˈfɪŋgər/

finger finger finger

lip 입술 hill 언덕 kick (발로) 차다 gift 선물 finger 손가락

DAY 36 I

ir은 /어~ㄹ/로 발음해요.

잘 듣고 발음을 쓴 후, 영단어를 따라 쓰세요.

bird

/bɜːrd/

발음 쓰기!

bird bird bird

circus

/ˈsɜːrkəs/

circus circus circus

dirty

/ˈdɜːrti/

dirty dirty dirty

shirt

/ʃɜːrt/

shirt shirt shirt

thirsty

/ˈθɜːrsti/

thirsty thirsty thirsty

bird 새 circus 서커스단 dirty 더러운 shirt 셔츠 thirsty 목이 마른

QUIZ 1 Listen and Choose

잘 듣고 빈칸에 알맞은 알파벳을 채워 넣어 단어를 완성하세요.

① 

___t

he ha be

② 

lau___

gh gn ph

③ 

___te

hi ba bi

④ 

wh wa gh

⑤ 

___ck

ke bi ki

⑥ 

th___sty

ie or ir

⑦  

___ild

sh ch ck

⑧  

___eart

p t h

⑨  

tou___

gh ph gn

QUIZ 2 Listen and Write

잘 듣고 주어진 알파벳을 알맞게 배열하세요.

1 d r b i

2 t i g f

3 h l e w a

4 s o h e r

5 e w e l h

6 r a h i

7 g h o u c

8 i n h d e b

9 r g i t b h

QUIZ 3 Listen and Fill in the Blank

잘 듣고 단어의 빈칸을 채운 후, 단어 뜻에 해당하는 그림과 연결하세요.

1 l __ p •

2 __ __ __ ld •

3 sh __ __ t •

4 enou __ __ •

5 __ __ rse •

6 __ __ ck •

7 __ __ eat •

8 cou __ __ •

9 __ __ __ cus •

10 __ __ ale •

• 

• 

• 

• 

• 

• 

• 

• 

• 

• 

QUIZ 4 Crossword Puzzle

잘 듣고 단어 퍼즐을 완성하세요!

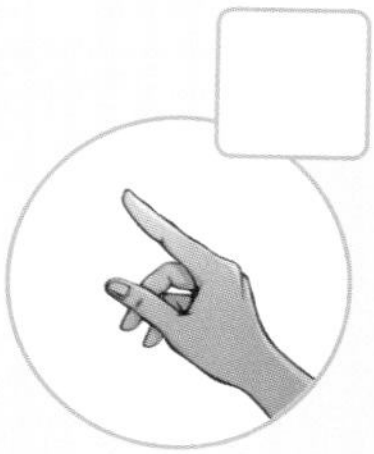

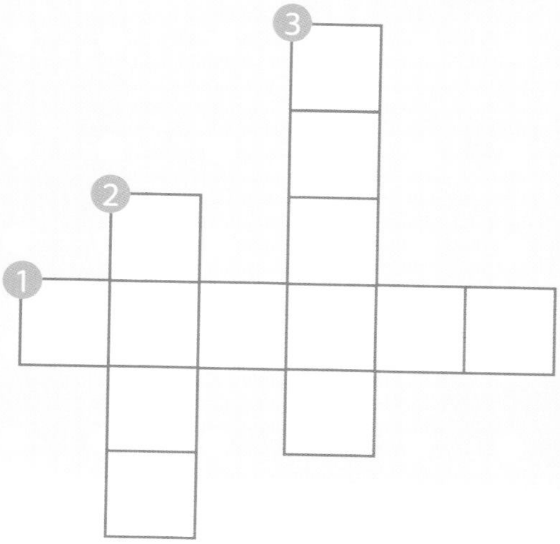

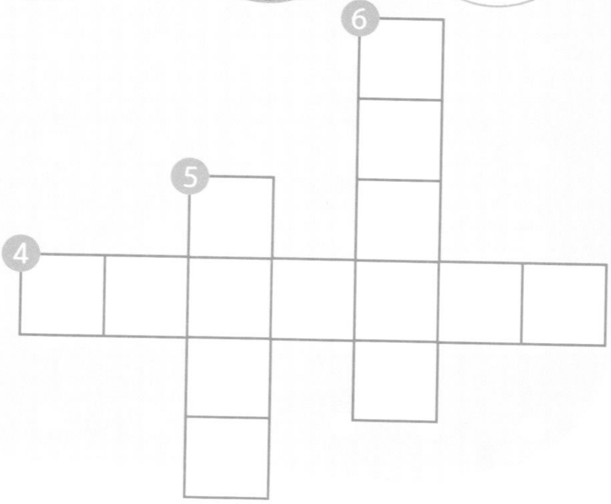

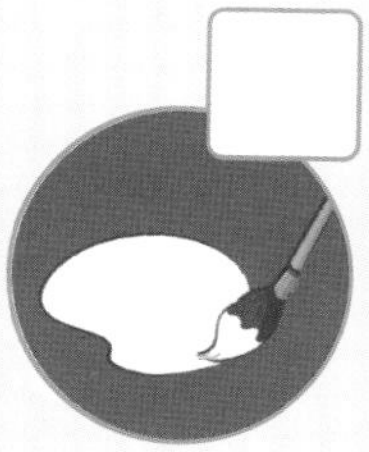

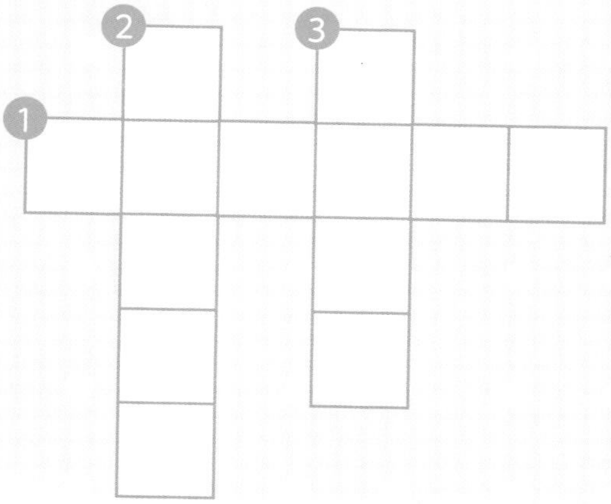

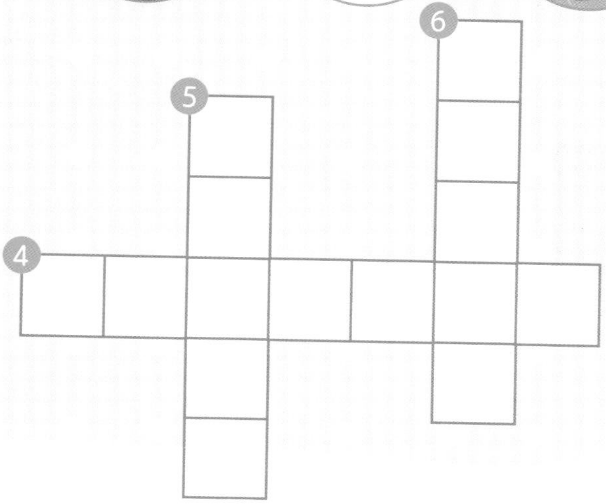

1 2 3
4 5 6

1 2 3
4 5 6

단어 끝에서 t 또는 s와 만나는 ~ion은 /~언/으로 발음해요.

잘 듣고 발음을 쓴 후, 영단어를 따라 쓰세요.

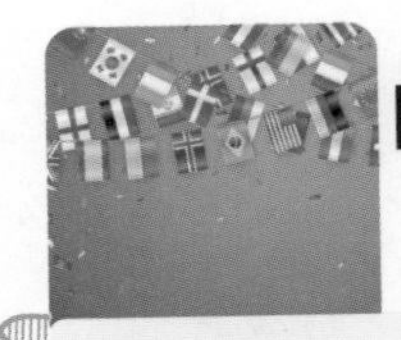

nation /ˈneɪʃən/

발음 쓰기!

nation nation nation

station /ˈsteɪʃən/

station station station

attention /əˈtenʃən/

attention attention

decision /dɪˈsɪʒən/

decision decision decision

television /ˈtelɪvɪʒən/

television television

nation 국가 station (기차)역 attention 주목 decision 결정 television 텔레비전

DAY 38 J

혀를 입천장에 댔다가 떼면서 /쥐/ 하면 돼요.

잘 듣고 발음을 쓴 후, 영단어를 따라 쓰세요.

jam /dʒæm/

jam jam jam

joy /dʒɔɪ/

joy joy joy

jeans /dʒiːnz/

jeans jeans jeans

jump /dʒʌmp/

jump jump jump

jacket /ˈdʒækɪt/

jacket jacket jacket

jam 잼　joy 기쁨　jeans 청바지　jump 뛰다, 점프하다　jacket 재킷, (셔츠 위에 입는) 상의

K

앞서 배운 C처럼 /ㅋ/ 하고 소리를 내요.

 잘 듣고 발음을 쓴 후, 영단어를 따라 쓰세요.

key
/kiː/

발음 쓰기!

key key key

kind
/kaɪnd/

kind kind kind

kitchen
/ˈkɪtʃɪn/

kitchen kitchen kitchen

book
/bʊk/

book book book

desk
/desk/

desk desk desk

key 열쇠 | kind 친절한 | kitchen 주방 | book 책 | desk 책상

DAY 40

K

sk~로 시작하는 경우 k를
/ㄲ/처럼 발음해요.

잘 듣고 발음을 쓴 후, 영단어를 따라 쓰세요.

ski
/skiː/

ski ski ski

skin
/skɪn/

skin skin skin

sky
/skaɪ/

sky sky sky

skirt
/skɜːrt/

skirt skirt skirt

skate
/skeɪt/

skate skate skate

ski 스키　skin 피부　sky 하늘　skirt 치마　skate 스케이트를 타다

DAY 41 K

n 바로 앞의 k는 발음하지 않아요.

 잘 듣고 발음을 쓴 후, 영단어를 따라 쓰세요.

knee

/niː/

발음 쓰기!

knee knee knee

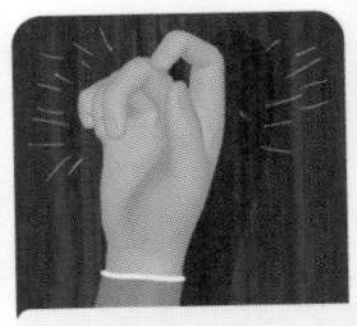

knock

/naːk/

knock knock knock

know

/noʊ/

know know know

knife

/naɪf/

knife knife knife

knight

/naɪt/

knight knight knight

knee 무릎　knock 문을 두드리다　know 알다　knife 칼　knight (중세의) 기사

DAY 42 L

l이 단어 앞에 나오는 경우 '을~' 하고 준비한 다음 윗니 뒤쪽에서 혀를 떼면서 /ㄹ/처럼 발음해요.

 잘 듣고 발음을 쓴 후, 영단어를 따라 쓰세요.

long /lɔːŋ/

발음 쓰기!

long long long

leg /leg/

leg leg leg

land /lænd/

land land land

lion /ˈlaɪən/

lion lion lion

library /ˈlaɪbreri/

library library library

long (길이가) 긴 | leg 다리 | land 육지, 땅 | lion 사자 | library 도서관

QUIZ 1 Listen and Choose

잘 듣고 빈칸에 알맞은 알파벳을 채워 넣어 단어를 완성하세요.

①

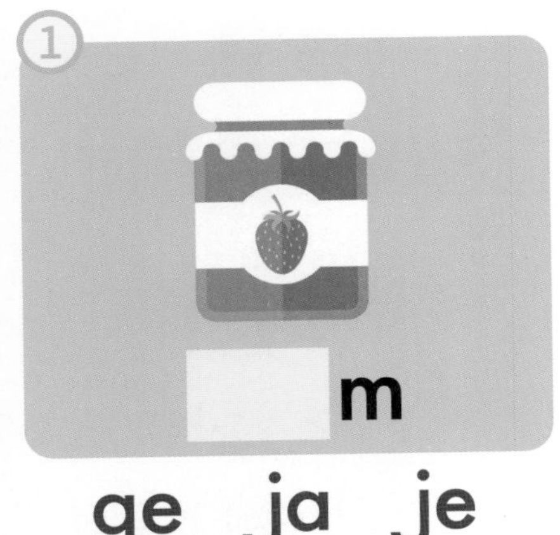

___m

ge ja je

②

___ind

p c k

③

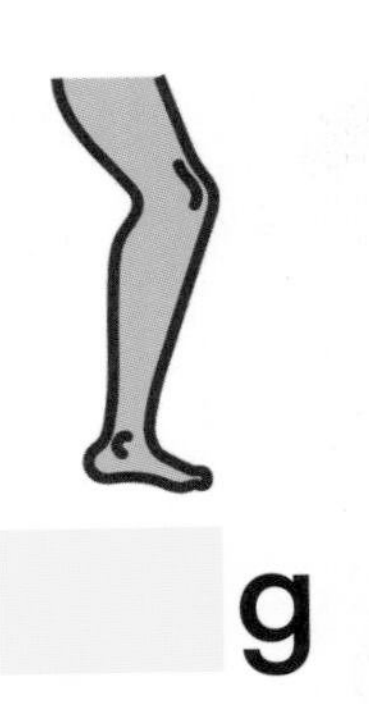

___g

la le je

④

___in

sk sp st

⑤

___ee

kn ke bn

⑥

na___

sion tion tian

⑦

___irt

sp st sk

⑧

___cket

ja ga je

⑨

___on

li la ti

잘 듣고 주어진 알파벳을 알맞게 배열하세요.

1 y o j

2 i k s

3 n g o l

4 c k k o n

5 n i o s i d c e

6 n e j s a

7 n o s a t t i

8 i n e k f

9 n e c i t k h

QUIZ 3 Listen and Fill in the Blank

잘 듣고 단어의 빈칸을 채운 후, 단어 뜻에 해당하는 그림과 연결하세요.

1 ◯eans 

2 ◯◯brary 

3 ◯◯y 

4 atten◯◯◯◯ 

5 ◯◯mp 

6 ◯◯in 

7 deci◯◯◯◯ 

8 ◯◯ee 

9 ◯ey 

10 televi◯◯◯◯ 

QUIZ 4 Crossword Puzzle

 잘 듣고 단어 퍼즐을 완성하세요!

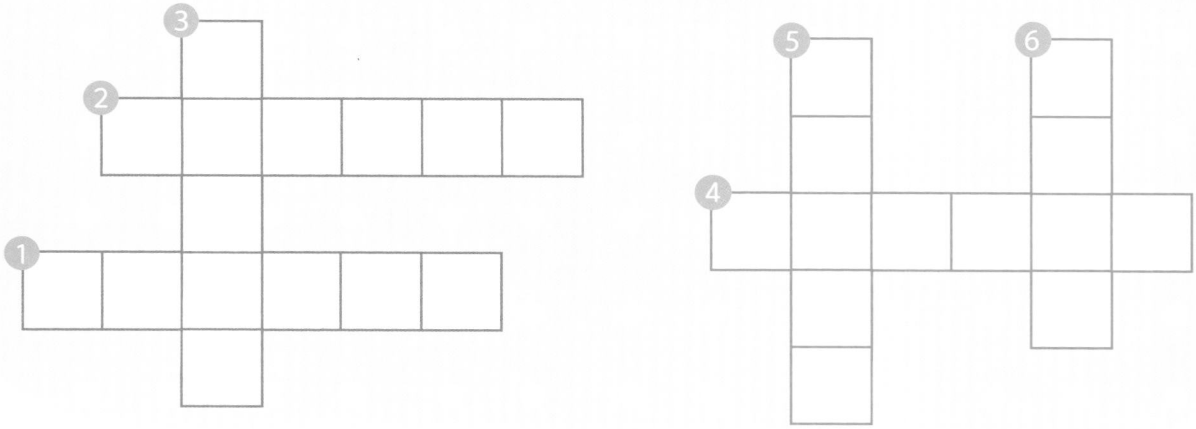

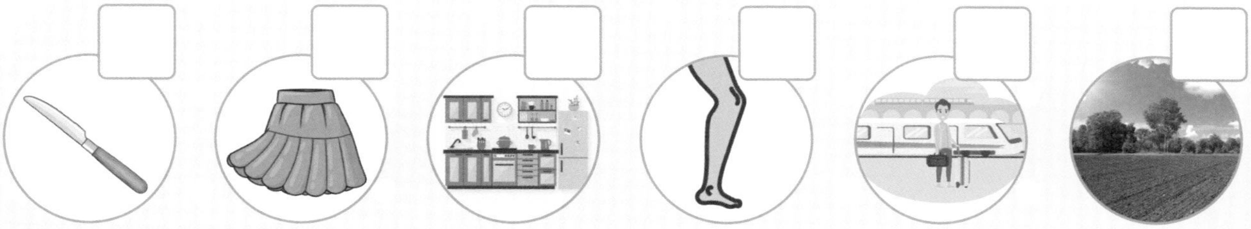

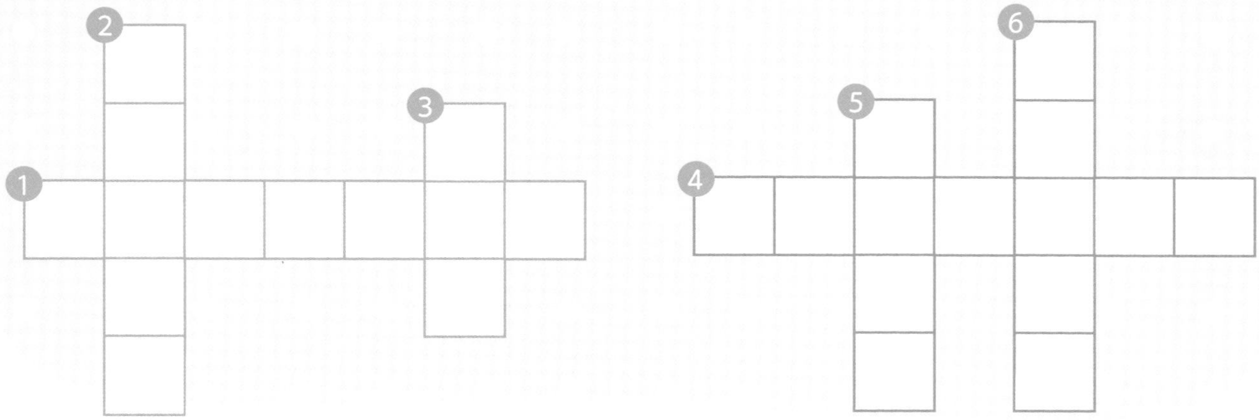

 L

l이 단어 뒤쪽에 오는 경우 /을~/처럼 소리가 나요.

잘 듣고 발음을 쓴 후, 영단어를 따라 쓰세요.

bell /bel/

발음 쓰기!

bell bell bell

oil /ɔɪl/

oil oil oil

milk /mɪlk/

milk milk milk

puzzle /ˈpʌzl/

puzzle puzzle puzzle

double /ˈdʌbl/

x2

double double double

bell 종, 종소리 oil 기름 milk 우유 puzzle 퍼즐 double 두 배(의)

DAY 44

k, f, m 바로 앞에 있는 l은 대부분의 경우 발음하지 않아요.

잘 듣고 발음을 쓴 후, 영단어를 따라 쓰세요.

walk
/wɔːk/

발음 쓰기!

walk walk walk

talk
/tɔːk/

talk talk talk

chalk
/tʃɔːk/

chalk chalk chalk

half
/hæf/

half half half

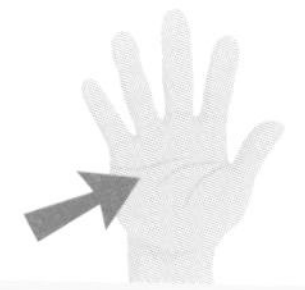

palm
/pɑːm/

palm palm palm

walk 걷다 talk 대화하다 chalk 분필 half 절반 palm 손바닥

'음~' 하고 준비한 다음 입을 떼면서
/ㅁ/ 소리를 내면 돼요.

잘 듣고 발음을 쓴 후, 영단어를 따라 쓰세요.

meat
/miːt/

발음 쓰기!

meat meat meat

mirror
/'mɪrər/

mirror mirror mirror

magic
/'mædʒɪk/

magic magic magic

swim
/swɪm/

swim swim swim

umbrella
/ʌm'brelə/

umbrella umbrella umbrella

meat 고기 mirror 거울 magic 마법, 마술 swim 수영, 수영하다 umbrella 우산

DAY 46 N

'은~' 하고 준비한 다음 혀를 윗니 뒤쪽에서 떼면서 /ㄴ/ 소리를 내면 돼요.

잘 듣고 발음을 쓴 후, 영단어를 따라 쓰세요.

nail

/neɪl/

발음 쓰기!

nail nail nail

nest

/nest/

nest nest nest

north

/nɔːrθ/

north north north

run

/rʌn/

run run run

honey

/ˈhʌni/

honey honey honey

nail 손톱, 발톱　nest (새의) 둥지　north 북쪽　run 달리다　honey 벌꿀

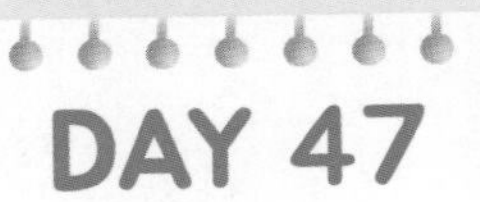

DAY 47 N

~ng는 우리말 받침 /응/처럼 소리 내요.

잘 듣고 발음을 쓴 후, 영단어를 따라 쓰세요.

ring
/rɪŋ/

발음 쓰기!

ring ring ring

song
/sɔːŋ/

song song song

strong
/strɔːŋ/

strong strong strong

morning
/ˈmɔːrnɪŋ/

morning morning morning

wedding
/ˈwedɪŋ/

wedding wedding wedding

ring 반지 song 노래 strong 튼튼한 morning 아침 wedding 결혼식

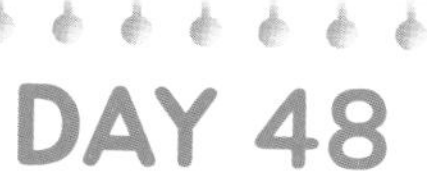

DAY 48 N

~nk는 우리말 받침 /응/과 /크/ 소리가 연이어 나요.

 잘 듣고 발음을 쓴 후, 영단어를 따라 쓰세요.

ink
/ɪŋk/

발음 쓰기!

ink ink ink

bank
/bæŋk/

bank bank bank

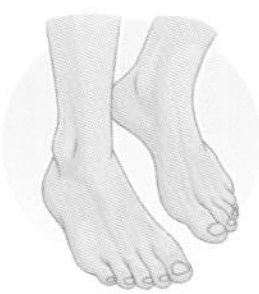

ankle
/ˈæŋkl/

ankle ankle ankle

drink
/drɪŋk/

drink drink drink

monkey
/ˈmʌŋki/

monkey monkey monkey

ink 잉크 bank 은행 ankle 발목 drink (음료를) 마시다 monkey 원숭이

QUIZ 1 Listen and Choose

잘 듣고 빈칸에 알맞은 알파벳을 채워 넣어 단어를 완성하세요.

mi ___

lk rk nk

___ gic

na ma me

wa ___

nk rk lk

ri ___

ng mg nk

___ st

me ne na

ba ___

nk ng nt

⑦

swi ___

m n ng

⑧

ha ___

rf lf nf

⑨

so ___

mg nk ng

QUIZ 2 Listen and Write

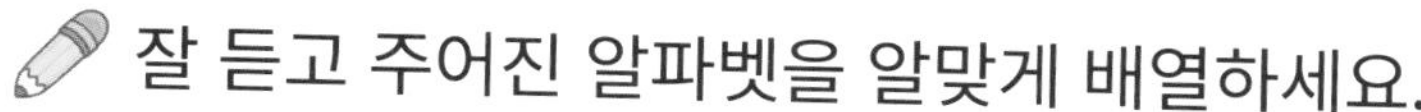

잘 듣고 주어진 알파벳을 알맞게 배열하세요.

1 a l k t

2 a t m e

3 e l l b

4 i n l a

5 g r t n s o

6 n i k

7 r g o n n m i

8 l m a p

9 n k d i r

QUIZ 3 Listen and Fill in the Blank

잘 듣고 단어의 빈칸을 채운 후, 단어 뜻에 해당하는 그림과 연결하세요.

1  ◯◯gic • 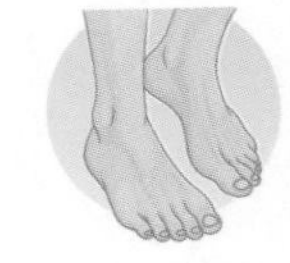

2 pa◯◯ • 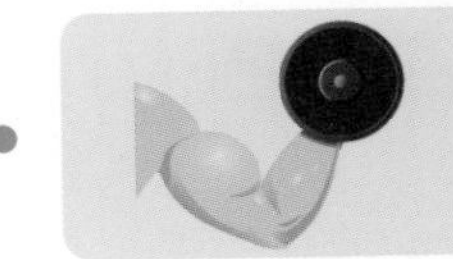

3 a◯◯le • 

4 ◯◯brella • 

5 stro◯◯ • 

6 o◯◯ • 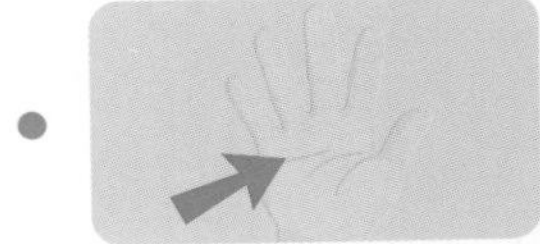

7 wa◯◯ • 

8 wedd◯◯◯ • 

9 be◯◯ • 

10 ha◯◯ • 

QUIZ 4 Crossword Puzzle

 잘 듣고 단어 퍼즐을 완성하세요!

x2

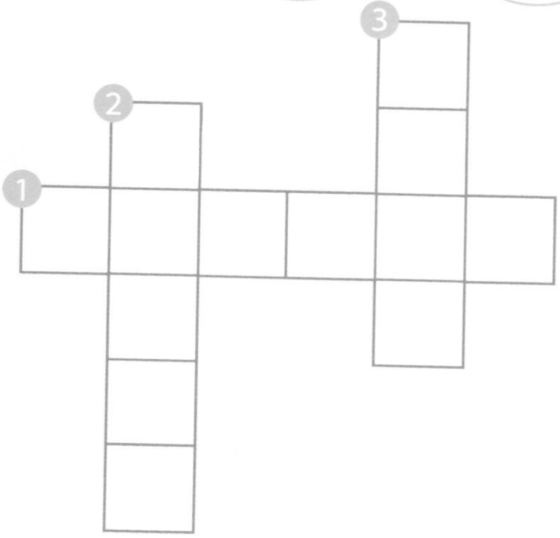

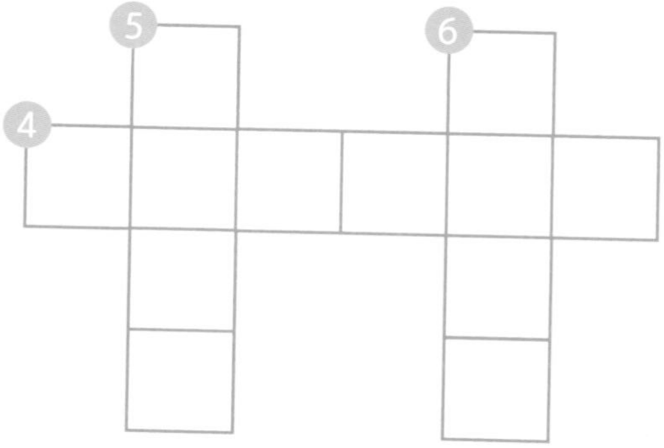

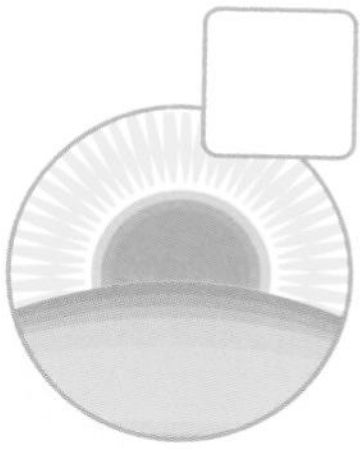

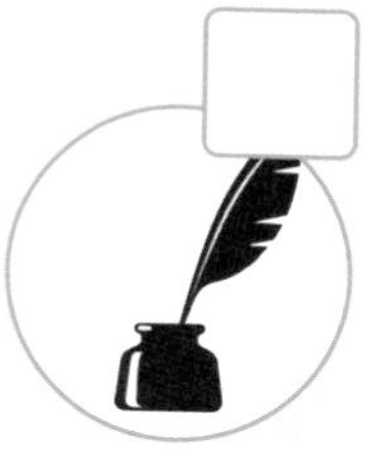

N

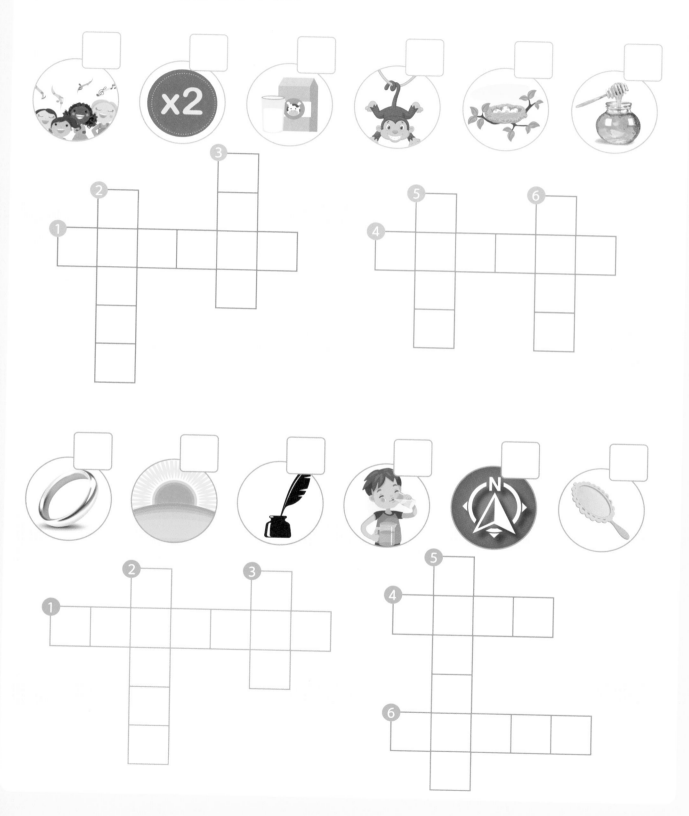

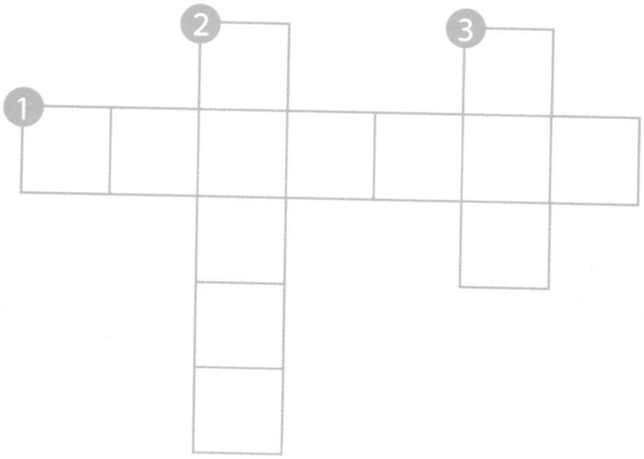

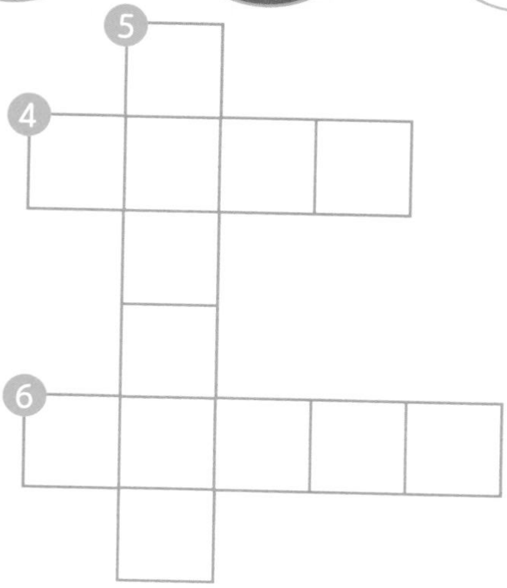

/오~우/ 하고 소리를 내면 돼요.

잘 듣고 발음을 쓴 후, 영단어를 따라 쓰세요.

cold
/kould/

cold cold cold

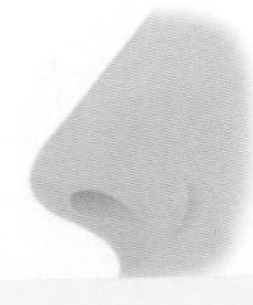

nose
/nouz/

nose nose nose

bone
/boun/

bone bone bone

mango
/'mæŋgou/

mango mango mango

potato
/pə'teɪtou/

potato potato potato

cold 추운, 추위 | nose 코 | bone 뼈 | mango 망고 | potato 감자

DAY 50 O

o는 /어~/로 발음하고,
oi, oy는 /어~이/로 발음해요.

 잘 듣고 발음을 쓴 후, 영단어를 따라 쓰세요.

dog
/dɔːg/

dog dog dog

frog
/frɔːg/

frog frog frog

corn
/kɔːrn/

corn corn corn

coin
/kɔɪn/

coin coin coin

toy
/tɔɪ/

toy toy toy

dog 개 frog 개구리 corn 옥수수 coin 동전 toy 장난감

편하게 /아~/ 하고 발음해요.

잘 듣고 발음을 쓴 후, 영단어를 따라 쓰세요.

hot
/hɑːt/

hot hot hot

body
/ˈbɑːdi/

body body body

clock
/klɑːk/

clock clock clock

doctor
/ˈdɑːktər/

doctor doctor doctor

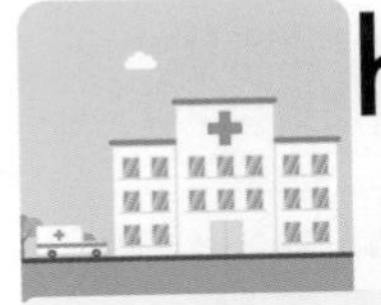

hospital
/ˈhɑːspɪtl/

hospital hospital hospital

hot 더운, 뜨거운 body 몸, 신체 clock 시계 doctor 의사 hospital 병원

DAY 52 O

우리말 /우/처럼 발음해요.

 잘 듣고 발음을 쓴 후, 영단어를 따라 쓰세요.

발음 쓰기!

who /huː/

who who who

lose /luːz/

lose lose lose

move /muːv/

move move move

movie /ˈmuːvi/

movie movie movie

shoe /ʃuː/

shoe shoe shoe

who 누구 lose 잃다, 지다 move 몸을 움직이다 movie 영화 shoe 신발

shoe는 복수 형태인 shoes가 주로 쓰입니다.

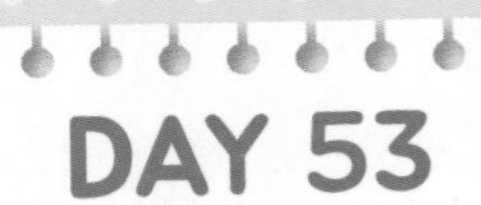

DAY 53 O

'자음 + on'으로 끝나는 경우 o를 발음하지 않아요.

잘 듣고 발음을 쓴 후, 영단어를 따라 쓰세요.

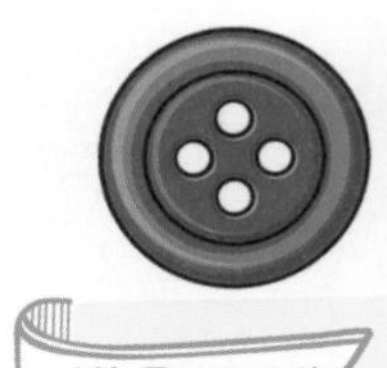

button /ˈbʌtn/

발음 쓰기!

button button button

lesson /ˈlesn/

lesson lesson lesson

season /ˈsiːzn/

season season season

cotton /ˈkaːtn/

cotton cotton cotton

person /ˈpɜːrsn/

person person person

button 단추 lesson 수업 season 계절 cotton 목화, 솜 person 사람

ou, ow는 /아~우/로 발음해요.
ow를 /오~우/로 발음하기도 해요.

잘 듣고 발음을 쓴 후, 영단어를 따라 쓰세요.

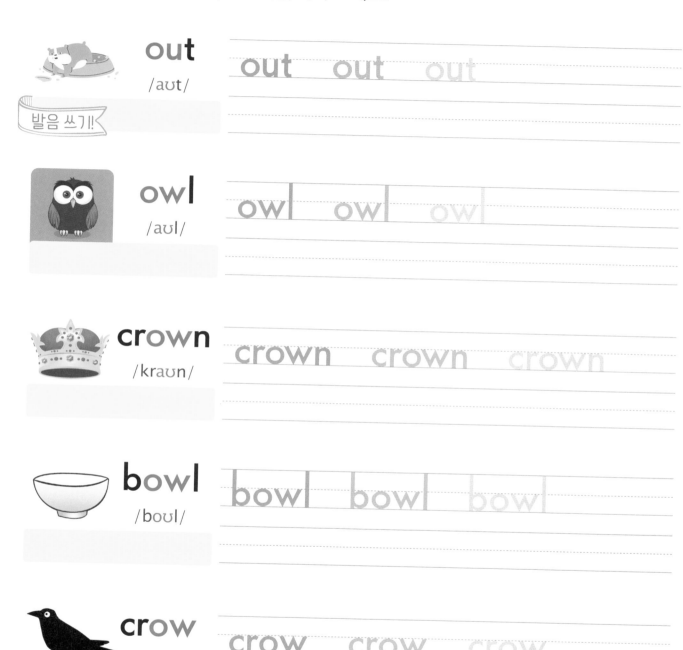

out /aʊt/

발음 쓰기!

out out out

owl /aʊl/

owl owl owl

crown /kraʊn/

crown crown crown

bowl /boʊl/

bowl bowl bowl

crow /kroʊ/

crow crow crow

out 밖으로 owl 올빼미 crown 왕관 bowl 그릇 crow 까마귀

 잘 듣고 빈칸에 알맞은 알파벳을 채워 넣어 단어를 완성하세요.

①

__g
du do de

②

w__
bo hu ho

③

__t
ow ou au

④
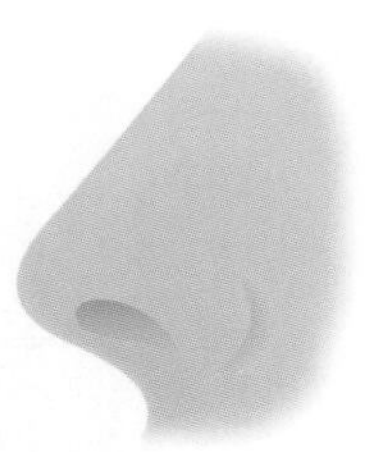
__se
no ne mo

⑤

butt__
en on om

⑥

__dy
ho do bo

⑦

man__
ga go ge

⑧

c__n
ei oe oi

⑨

cr__n
ow ou oe

잘 듣고 주어진 알파벳을 알맞게 배열하세요.

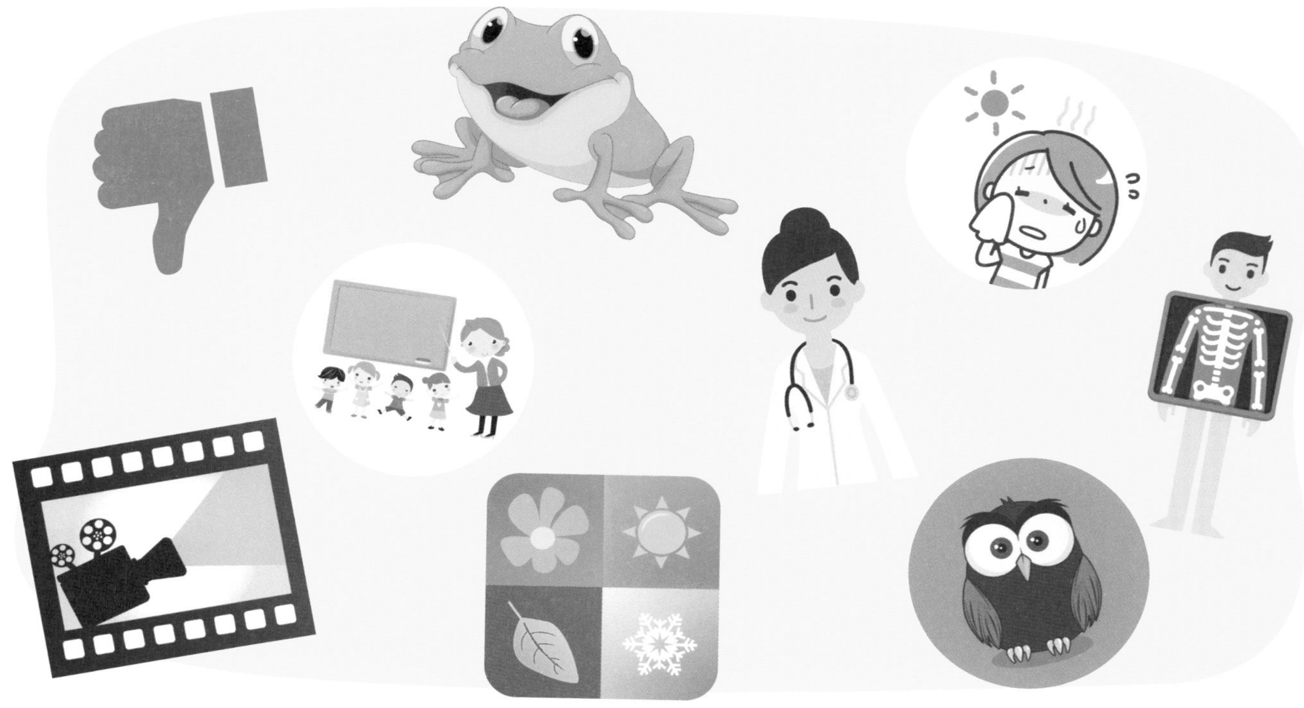

1 beno

2 toh

3 rogf

4 low

5 seol

6 veomi

7 ssonae

8 ssoenl

9 rcdoot

QUIZ 3 Listen and Fill in the Blank

잘 듣고 단어의 빈칸을 채운 후, 단어 뜻에 해당하는 그림과 연결하세요.

1 cl ck

2 t

3 butt

4 ld

5 l

6 spital

7 ve

8 cr

9 w

10 less

QUIZ 4 Crossword Puzzle

잘 듣고 단어 퍼즐을 완성하세요!

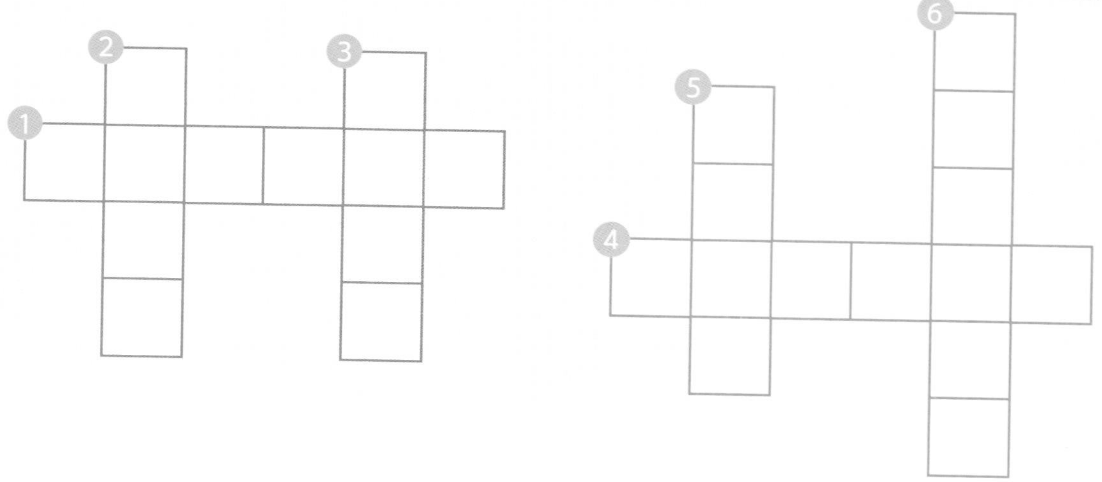

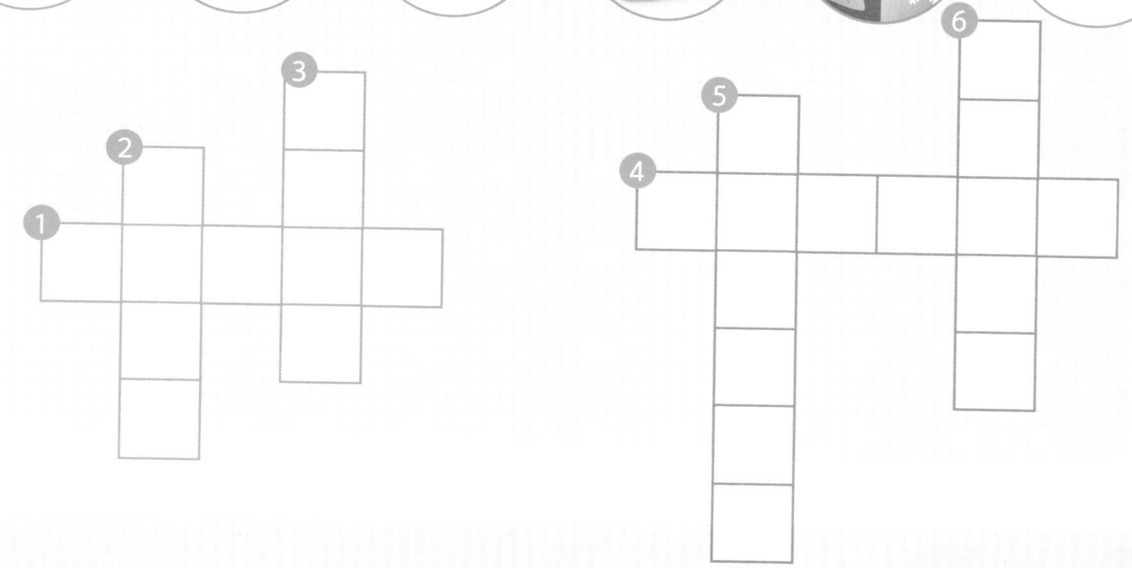

DAY 55

O

oa는 /오~우/로 발음해요.

잘 듣고 발음을 쓴 후, 영단어를 따라 쓰세요.

road /roʊd/

발음 쓰기!

road road road

boat /boʊt/

boat boat boat

goat /goʊt/

goat goat goat

coat /koʊt/

coat coat coat

soap /soʊp/

soap soap soap

road 길, 도로　　boat 배　　goat 염소　　coat 외투, 코트　　soap 비누

DAY 56 O

oo는 길게 /우~/로 발음해요.

잘 듣고 발음을 쓴 후, 영단어를 따라 쓰세요.

moon
/muːn/

발음 쓰기!

moon moon moon

noon
/nuːn/

noon noon noon

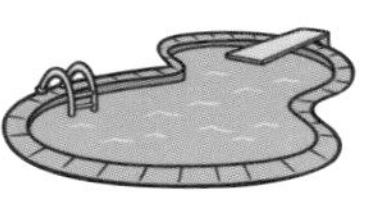

pool
/puːl/

pool pool pool

root
/ruːt/

root root root

roof
/ruːf/

roof roof roof

moon 달 noon 정오 pool 수영장 root 뿌리 roof 지붕

DAY 57

P

입술을 안으로 말았다가 /ㅍ/ 하고 소리를 내면 돼요. 단어 끝에서는 아주 작게 발음해요.

잘 듣고 발음을 쓴 후, 영단어를 따라 쓰세요.

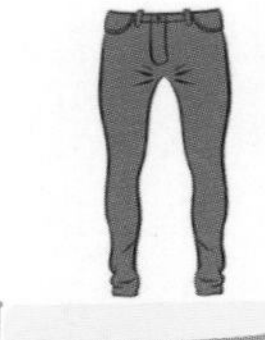
pants
/pænts/

발음 쓰기!

pants pants pants

pocket
/ˈpɑːkɪt/

pocket pocket pocket

painter
/ˈpeɪntər/

painter painter painter

top
/tɑːp/

top top top

grape
/greɪp/

grape grape grape

pants 바지 pocket 주머니 painter 화가 top 맨 위, 꼭대기 grape 포도

P

sp~로 시작하는 경우 p를 /ㅃ/처럼 발음해요.

 잘 듣고 발음을 쓴 후, 영단어를 따라 쓰세요.

spy
/spaɪ/

발음 쓰기!

spy spy spy

spoon
/spuːn/

spoon spoon spoon

space
/speɪs/

space space space

speed
/spiːd/

speed speed speed

spring
/sprɪŋ/

spring spring spring

spy 첩자 spoon 숟가락 space 우주 speed 속도 spring 봄

DAY 59

ph는 f와 같은 발음이에요.

 잘 듣고 발음을 쓴 후, 영단어를 따라 쓰세요.

phone
/foʊn/

발음 쓰기!

phone phone phone

photo
/'foʊtoʊ/

photo photo photo

graph
/græf/

graph graph graph

trophy
/'troʊfi/

trophy trophy trophy

dolphin
/'daːlfɪn/

dolphin dolphin dolphin

phone 전화기 photo 사진 graph 도표, 그래프 trophy 트로피 dolphin 돌고래

phone은 telephone의 줄임말이고, photo는 photograph의 줄임말입니다.

DAY 60 Q

q는 대부분 u와 함께 쓰이며 /ㅋ/ 하고 발음해요.

잘 듣고 발음을 쓴 후, 영단어를 따라 쓰세요.

quiz /kwɪz/

발음 쓰기!

quiz quiz quiz

quick /kwɪk/

quick quick quick

queen /kwiːn/

queen queen queen

quiet /ˈkwaɪət/

quiet quiet quiet

question /ˈkwestʃən/

question question question

quiz (간단한) 시험, 퀴즈 quick 빠른 queen 여왕 quiet 조용한 question 질문

QUIZ 1 Listen and Choose

 잘 듣고 빈칸에 알맞은 알파벳을 채워 넣어 단어를 완성하세요.

① 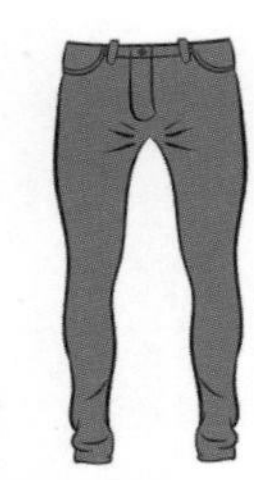

___nts

pa ta ka

② 

r___d

oo oa ou

③

m___n

ow oo ou

④ 

___y

sp sk st

⑤ 

___ick

pu qi qu

⑥ 

___one

ph pf gh

⑦ 

___eed

sk st sp

⑧ 

c___t

oo ow oa

⑨ 

gra___

gh pe ph

잘 듣고 주어진 알파벳을 알맞게 배열하세요.

1 posa

2 thpoo

3 ootr

4 olop

5 oabt

6 ragpe

7 acsep

8 ueqti

9 rhypto

QUIZ 3 Listen and Fill in the Blank

잘 듣고 단어의 빈칸을 채운 후, 단어 뜻에 해당하는 그림과 연결하세요.

1 to◯

2 ◯◯◯p

3 ◯◯◯t

4 ◯◯estion

5 ◯◯◯to

6 n◯◯◯

7 ◯◯◯nter

8 ◯◯◯ne

9 ◯◯oon

10 ◯◯een

QUIZ 4 Crossword Puzzle

잘 듣고 단어 퍼즐을 완성하세요!

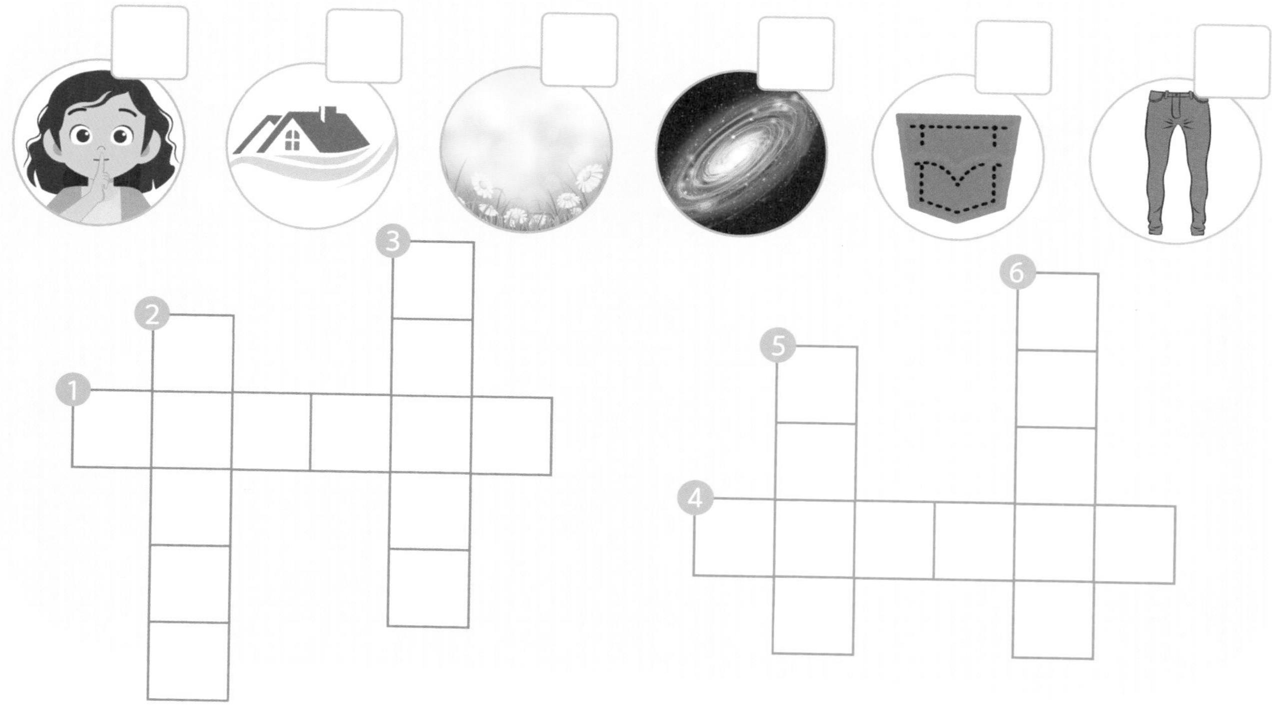

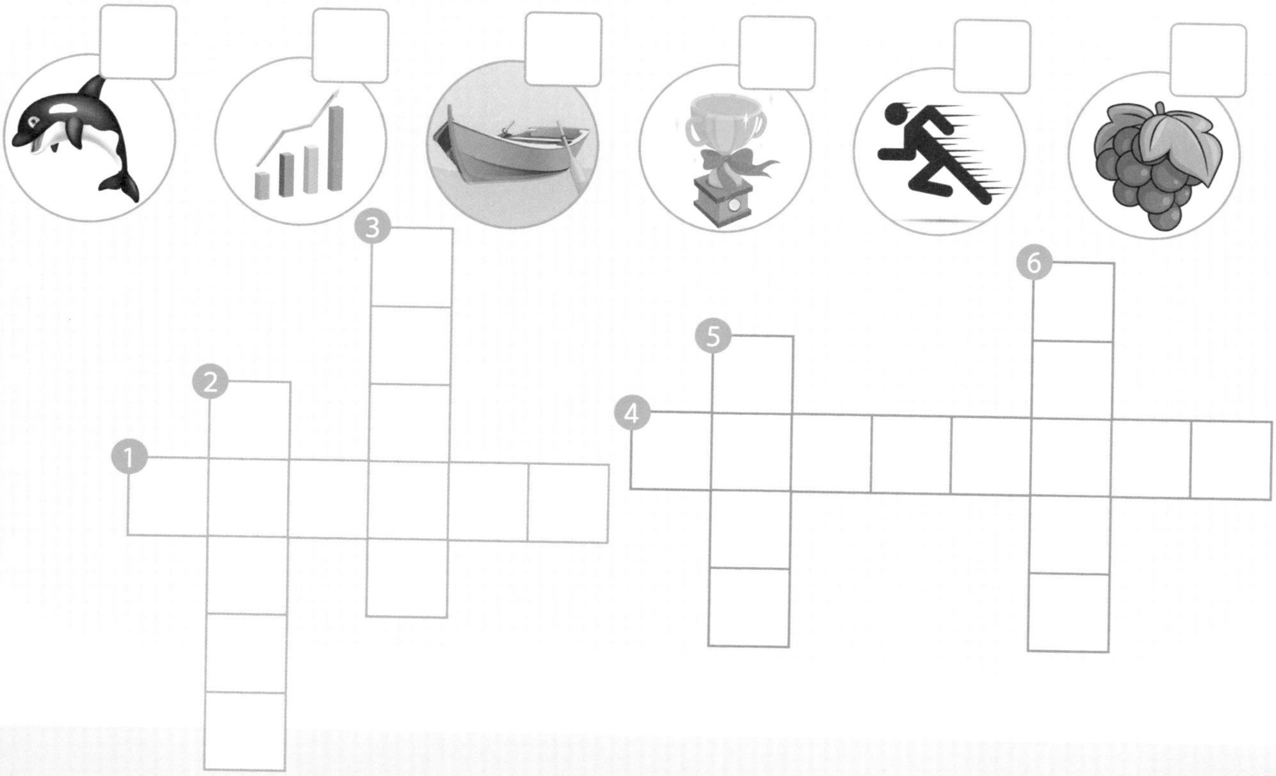

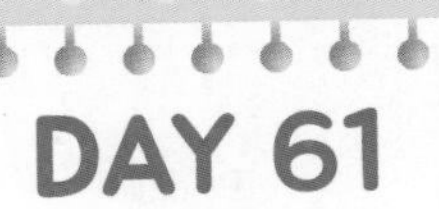

DAY 61 R

입을 동그랗게 모았다가 혀를 입천장에 대지 않고 /뤄/ 하고 소리를 내면 돼요.

 잘 듣고 발음을 쓴 후, 영단어를 따라 쓰세요.

rich /rɪtʃ/

발음 쓰기!

rich rich rich

read /riːd/

read read read

rocket /ˈrɑːkɪt/

rocket rocket rocket

rabbit /ˈræbɪt/

rabbit rabbit rabbit

rainbow /ˈreɪnboʊ/

rainbow rainbow rainbow

rich 부유한 read 읽다 rocket 로켓 rabbit 토끼 rainbow 무지개

DAY 62 S

s + 자음에서 s는 /ㅅ/로 발음해요.

 잘 듣고 발음을 쓴 후, 영단어를 따라 쓰세요.

snow
/snoʊ/

발음 쓰기!

snow snow snow

slow
/sloʊ/

slow slow slow

smile
/smaɪl/

smile smile smile

scream
/skriːm/

scream scream scream

student
/ˈstuːdnt/

student student student

snow 눈 slow 느린 smile 미소 짓다 scream 비명을 지르다 student 학생

DAY 63

S

s + 모음에서 s는 /ㅆ/로 발음해요.

 잘 듣고 발음을 쓴 후, 영단어를 따라 쓰세요.

sun
/sʌn/

발음 쓰기!

sun sun sun

salt
/sɔːlt/

salt salt salt

sand
/sænd/

sand sand sand

soccer
/ˈsɑːkər/

soccer soccer soccer

seesaw
/ˈsiːsɔː/

seesaw seesaw seesaw

sun 해, 태양   salt 소금   sand 모래   soccer 축구   seesaw 시소

S

단어의 중간이나 끝에 있는 s는 /z/로
발음되기도 해요.

 잘 듣고 발음을 쓴 후, 영단어를 따라 쓰세요.

pose
/poʊz/

발음 쓰기!

pose pose pose

close
/kloʊz/

close close close

busy
/ˈbɪzi/

busy busy busy

visit
/ˈvɪzɪt/

visit visit visit

music
/ˈmjuːzɪk/

music music music

pose (촬영을 위해) 자세를 취하다　close (문, 커튼 등을) 닫다　busy 바쁜　visit 방문하다　music 음악

S

sh는 /쉬/로 발음해요.

 잘 듣고 발음을 쓴 후, 영단어를 따라 쓰세요.

ship

/ʃɪp/

발음 쓰기!

ship ship ship

shark

/ʃɑːrk/

shark shark shark

wash

/wɑːʃ/

wash wash wash

dish

/dɪʃ/

dish dish dish

finish

/ˈfɪnɪʃ/

finish finish finish

ship 배　shark 상어　wash 씻다　dish 접시　finish 끝내다

DAY 66

T

혀를 윗니 뒤쪽에 댔다가 떼면서
/ㅌ/ 소리를 내요.

 잘 듣고 발음을 쓴 후, 영단어를 따라 쓰세요.

tall
/tɔːl/

발음 쓰기!

tall tall tall

tail
/teɪl/

tail tail tail

fat
/fæt/

fat fat fat

gate
/geɪt/

gate gate gate

between
/bɪ'twiːn/

between between

tall 키가 큰 tail 꼬리 fat 뚱뚱한 gate 대문 between ~ 사이에

QUIZ 1 Listen and Choose

 잘 듣고 빈칸에 알맞은 알파벳을 채워 넣어 단어를 완성하세요.

① 

___ow

jn sn sm

② 

___n

cu se su

③ 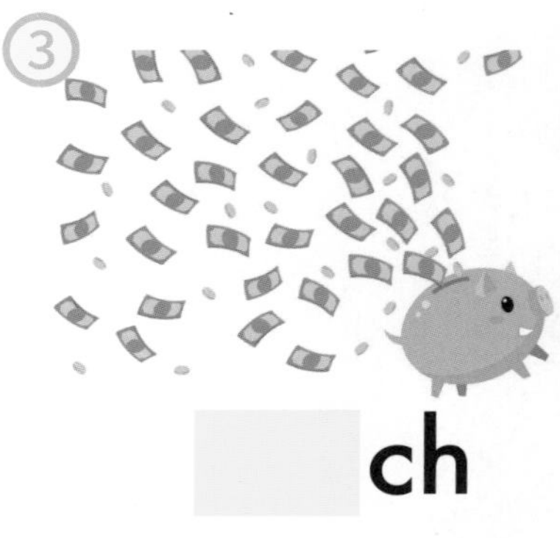

___ch

ri re mi

④ 

po___

so ce se

⑤ 

___ip

sb sh ph

⑥ 

___ll

ta to cu

⑦ 

ga___

de ta te

⑧ 

___bbit

ra re na

⑨ 

wa___

th sh ph

QUIZ 2 Listen and Write

잘 듣고 주어진 알파벳을 알맞게 배열하세요.

1 wlos	2 edra	3 asdn
4 sdhi	5 taf	6 ysbu
7 wnbteee	8 tcorke	9 mraces

QUIZ 3 Listen and Fill in the Blank

잘 듣고 단어의 빈칸을 채운 후, 단어 뜻에 해당하는 그림과 연결하세요.

1 ( )( )lt

2 bu( )( )

3 ( )( )( )rk

4 mu( )( )( )

5 ( )( )ow

6 ( )( )( )dent

7 wa( )( )

8 ( )( )( )( )bow

9 ( )( )( )eam

10 be( )( )( )( )n

QUIZ 4 Crossword Puzzle

잘 듣고 단어 퍼즐을 완성하세요!

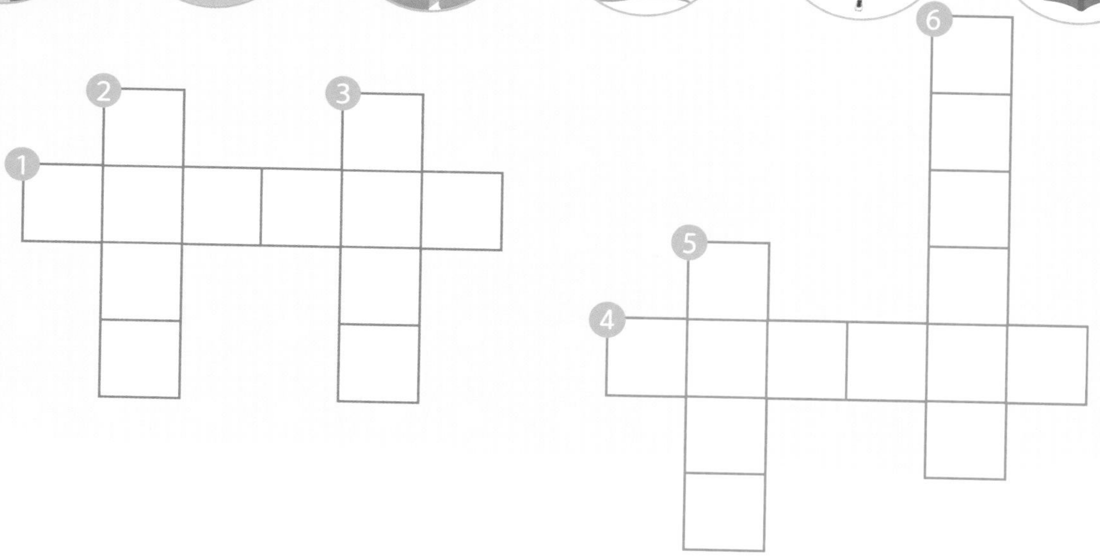

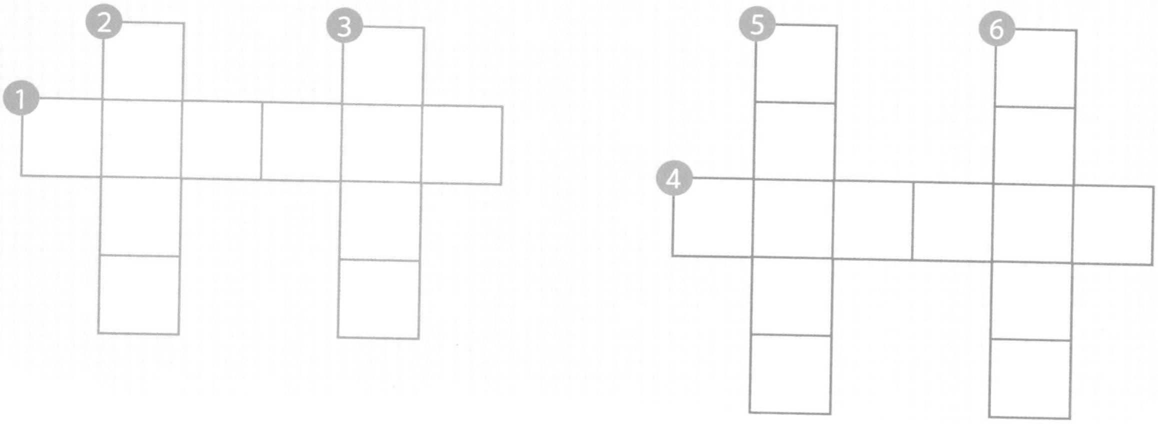

1 2 3

4 5 6

1 2 3

4 5 6

r 바로 앞에 있는 t는 /ㅊ/로 발음해요.

잘 듣고 발음을 쓴 후, 영단어를 따라 쓰세요.

tree
/triː/

발음 쓰기!

tree tree tree

train
/treɪn/

train train train

△

triangle
/ˈtraɪæŋgl/

triangle triangle triangle

street
/striːt/

street street street

strawberry
/ˈstrɔːberi/

strawberry strawberry

tree 나무 train 기차 triangle 세모, 삼각형 street 거리, 도로 strawberry 딸기

T

st~로 시작하는 경우 t를 /ㄸ/처럼 발음해요.

 잘 듣고 발음을 쓴 후, 영단어를 따라 쓰세요.

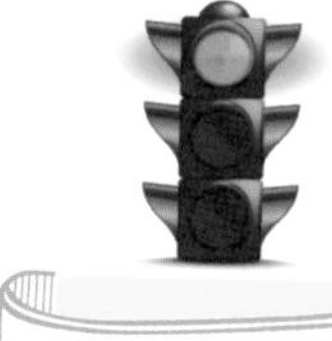

stop /staːp/

발음 쓰기!

stop stop stop

stand /stænd/

stand stand stand

study /ˈstʌdi/

study study study

store /stɔːr/

store store store

start /staːrt/

start start start

stop 정지하다 stand 일어서다 study 공부하다 store 가게 start 시작하다

혀의 앞부분을 앞니로 살짝 물었다 떼면서 /ㄸ/처럼 발음해요.

잘 듣고 발음을 쓴 후, 영단어를 따라 쓰세요.

three /θriː/

발음 쓰기!

three three three

thin /θɪn/

thin thin thin

bath /bæθ/

bath bath bath

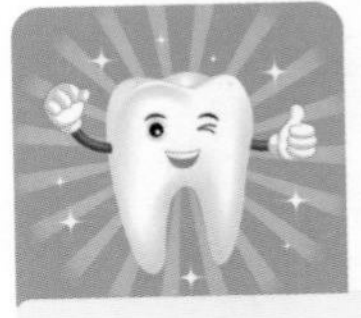

tooth /tuːθ/

tooth tooth tooth

mouth /maʊθ/

mouth mouth mouth

three 3 | thin 얇은, 마른 | bath 욕조 | tooth 치아 | mouth 입

DAY 70

T

혀의 앞부분을 앞니로 살짝 물었다 떼면서 /ㄷ/처럼 발음해요.

잘 듣고 발음을 쓴 후, 영단어를 따라 쓰세요.

mother /ˈmʌðər/

발음 쓰기!

mother mother mother

father /ˈfaːðər/

father father father

weather /ˈweðər/

weather weather weather

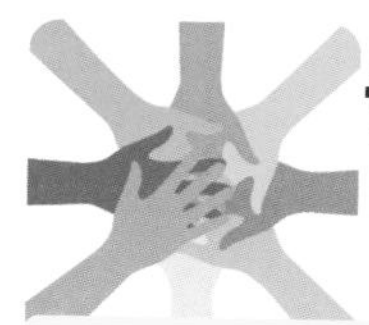

together /təˈgeðər/

together together together

breathe /briːð/

breathe breathe breathe

mother 어머니 father 아버지 weather 날씨 together 함께 breathe 숨을 쉬다

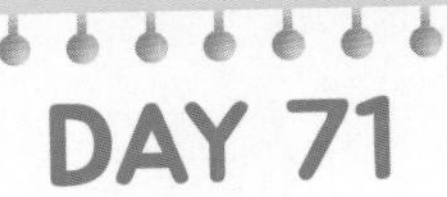

단어가 ~ture 로 끝나는 경우 /춰~ㄹ/로 발음해요.

잘 듣고 발음을 쓴 후, 영단어를 따라 쓰세요.

culture
/ˈkʌltʃər/

발음 쓰기!

culture culture culture

nature
/ˈneɪtʃər/

nature nature nature

gesture
/ˈdʒestʃər/

gesture gesture gesture

picture
/ˈpɪktʃər/

picture picture picture

adventure
/ədˈventʃər/

adventure adventure

culture 문화 nature 자연 gesture 몸짓 picture 그림, 사진 adventure 모험

DAY 72 T

st가 단어 중간에 오는 경우 s 뒤의
t는 발음되지 않기도 해요.

 잘 듣고 발음을 쓴 후, 영단어를 따라 쓰세요.

listen
/ˈlɪsn/

발음 쓰기!

listen listen listen

fasten
/ˈfæsn/

fasten fasten fasten

castle
/ˈkæsl/

castle castle castle

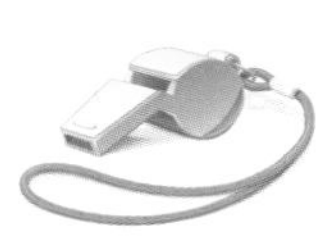

whistle
/ˈwɪsl/

whistle whistle whistle

Christmas
/ˈkrɪsməs/

Christmas Christmas

listen 듣다 fasten 매다, 잠그다 castle 성 whistle 호루라기 Christmas 성탄절

휴일, 국경일 명칭은 대문자로 시작합니다. 예: Christmas, Thanksgiving

QUIZ 1 Listen and Choose

잘 듣고 빈칸에 알맞은 알파벳을 채워 넣어 단어를 완성하세요.

① 
___in
te th ph

② 
___ee
tr dr th

③ 
___op
sd ct st

④ 
cul___
tare cure ture

⑤ 
mo___er
th ph sh

⑥ 
fa___en
sc st ct

⑦ 
___udy
sd st sk

⑧ 
___eet
str spr std

⑨ 
pic___
pure tare ture

QUIZ 2 Listen and Write

잘 듣고 주어진 알파벳을 알맞게 배열하세요.

1 t b h a

2 i t n r a

3 h o o t t

4 r e n t a u

5 s t a c e l

6 r e f t a h

7 r e t o s

8 a t w e e r h

9 e i s h t l w

QUIZ 3 Listen and Fill in the Blank

잘 듣고 단어의 빈칸을 채운 후, 단어 뜻에 해당하는 그림과 연결하세요.

1 wea _ _ er
2 _ _ _ angle
3 mou _ _
4 _ _ art
5 adven _ _ _ _
6 brea _ _ _
7 toge _ _ _ _
8 _ _ _ awberry
9 cul _ _ _ _
10 _ _ _ _ _ _ mas

QUIZ 4 Crossword Puzzle

잘 듣고 단어 퍼즐을 완성하세요!

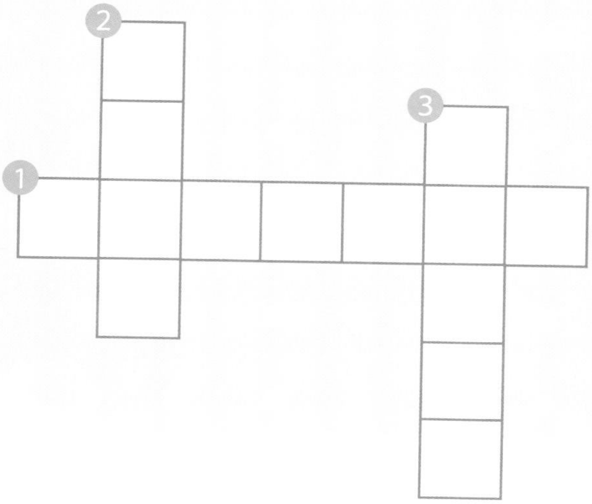

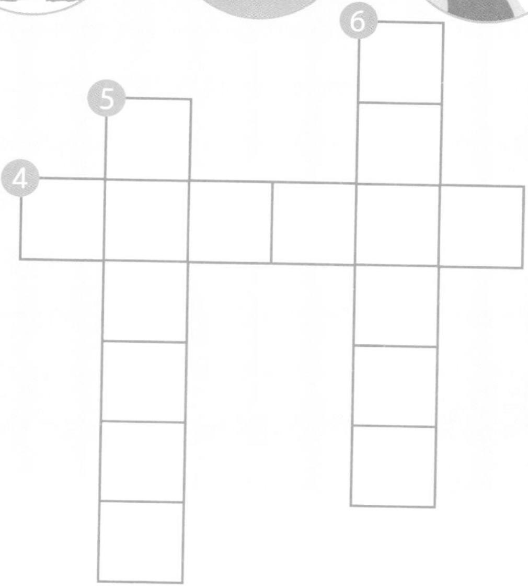

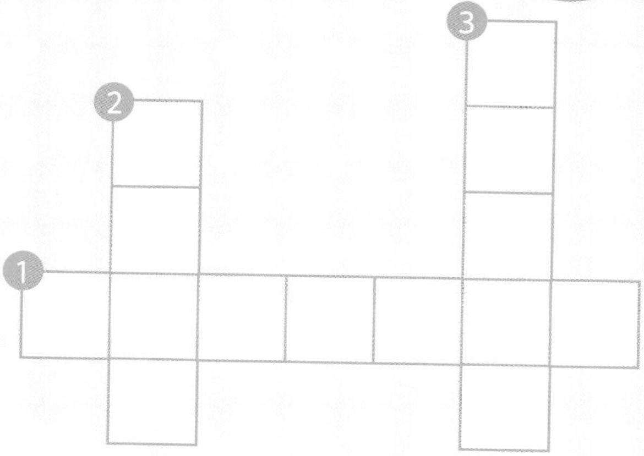

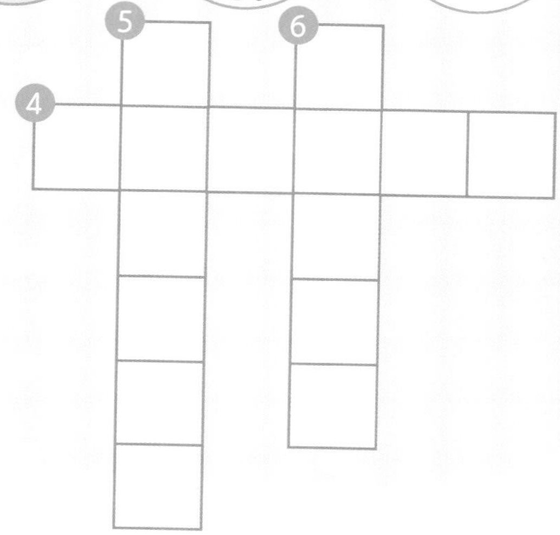

1 2 3 4 5 6

1 2 3 4 5 6

U

우리말 /유/처럼 발음해요.

 잘 듣고 발음을 쓴 후, 영단어를 따라 쓰세요.

cute

/kjuːt/

발음 쓰기!

cute cute cute

tulip

/ˈtjuːlɪp/

tulip tulip tulip

curious

/ˈkjʊriəs/

curious curious curious

museum

/mjuˈziːəm/

museum museum museum

computer

/kəmˈpjuːtər/

computer computer

cute 귀여운 tulip 튤립 curious 호기심이 많은 museum 박물관 computer 컴퓨터

DAY 74 U

우리말 /어/처럼 발음해요.

 잘 듣고 발음을 쓴 후, 영단어를 따라 쓰세요.

under
/ˈʌndər/

발음 쓰기!

under under under

hunt
/hʌnt/

hunt hunt hunt

brush
/brʌʃ/

brush brush brush

turn
/tɜːrn/

turn turn turn

church
/tʃɜːrtʃ/

church church church

under ~아래에 hunt 사냥하다 brush 붓, 솔 turn 돌리다, 회전시키다 church 교회

U

우리말 /우/처럼 발음해요.

잘 듣고 발음을 쓴 후, 영단어를 따라 쓰세요.

push

/pʊʃ/

발음 쓰기!

push push push

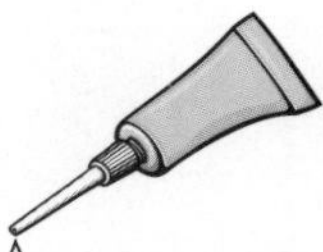

glue

/gluː/

glue glue glue

fruit

/fruːt/

fruit fruit fruit

mouse

/maʊs/

mouse mouse mouse

mountain

/ˈmaʊntn/

mountain mountain

push 밀다 glue 접착제, 풀 fruit 과일 mouse 쥐 mountain 산

DAY 76 V

윗니를 아랫입술에 댔다 떼면서
/ㅂ/ 하면 돼요.

 잘 듣고 발음을 쓴 후, 영단어를 따라 쓰세요.

voice
/vɔɪs/

발음 쓰기!

voice voice voice

video
/ˈvɪdioʊ/

video video video

victory
/ˈvɪktəri/

victory victory victory

river
/ˈrɪvər/

river river river

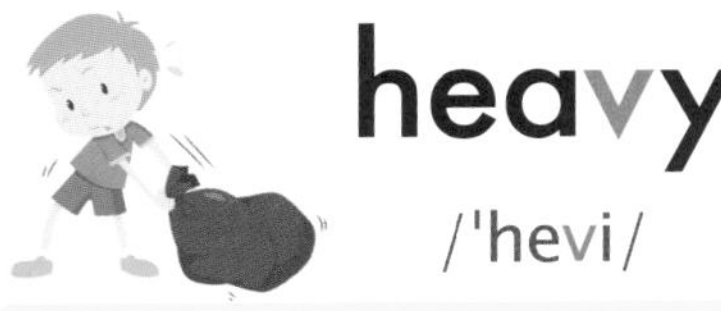

heavy
/ˈhevi/

heavy heavy heavy

voice 목소리 | video 비디오 | victory 승리 | river 강 | heavy 무거운

DAY 77 W

입술을 모아서 /우~/ 하면 돼요.

 잘 듣고 발음을 쓴 후, 영단어를 따라 쓰세요.

wall /wɔːl/

발음 쓰기!

wall wall wall

water /ˈwɔːtər/

water water water

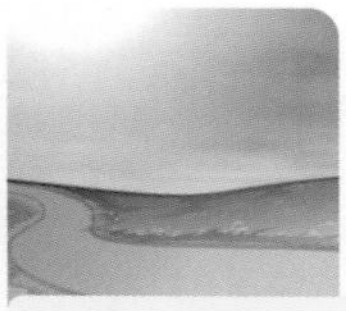

way /weɪ/

way way way

wait /weɪt/

wait wait wait

wing /wɪŋ/

wing wing wing

wall 벽, 담 water 물 way 길 wait 기다리다 wing 날개

DAY 78 W

r, h, s와 함께 쓰인 w는 보통 발음하지 않아요.

 잘 듣고 발음을 쓴 후, 영단어를 따라 쓰세요.

write /raɪt/

발음 쓰기!

write write write

wrong /rɔːŋ/

wrong wrong wrong

whole /hoʊl/

whole whole whole

answer /ˈænsər/

answer answer answer

sword /sɔːrd/

sword sword sword

write (글씨를) 쓰다　wrong 틀린, 잘못된　whole 전체의　answer 대답하다　sword 칼, 검

QUIZ 1 Listen and Choose

잘 듣고 빈칸에 알맞은 알파벳을 채워 넣어 단어를 완성하세요.

①

＿nt

ha hu bu

②

＿te

cu tu ce

③

＿sh

po pw pu

④

wa ua wu

⑤

＿ice

vo va bo

⑥

＿ole

wb wh uh

⑦

com＿ter

po pw pu

⑧

m＿se

au ou ow

⑨

ve vi ce

QUIZ 2 Listen and Write

잘 듣고 주어진 알파벳을 알맞게 배열하세요.

1 lueg

2 ulipt

3 usrhb

4 rgwno

5 yevah

6 rewta

7 nrude

8 giwn

9 waersn

QUIZ 3 Listen and Fill in the Blank

잘 듣고 단어의 빈칸을 채운 후, 단어 뜻에 해당하는 그림과 연결하세요.

1 ch ○○ ch •

2 ○○○ le •

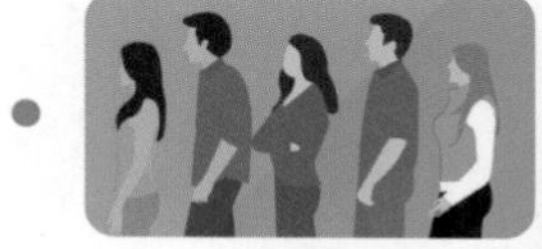

3 ○○ rious •

4 ○○ y •

5 ○○○ te •

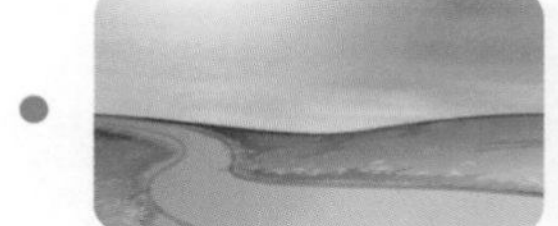

6 ○○○ tory •

7 ○○ ng •

8 ○○○ rd •

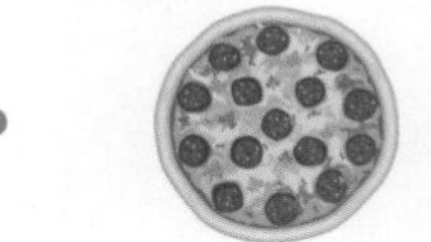

9 ri ○○○ •

10 ○○○ t •

QUIZ 4 Crossword Puzzle

잘 듣고 단어 퍼즐을 완성하세요!

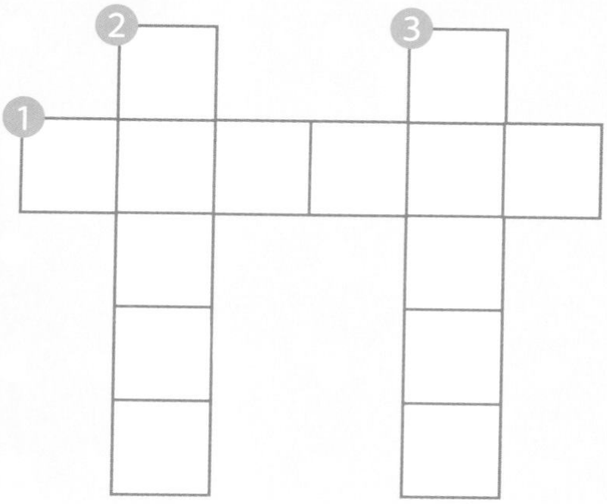

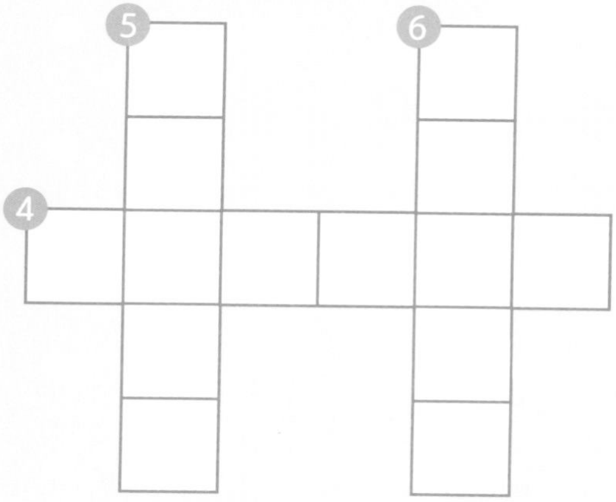

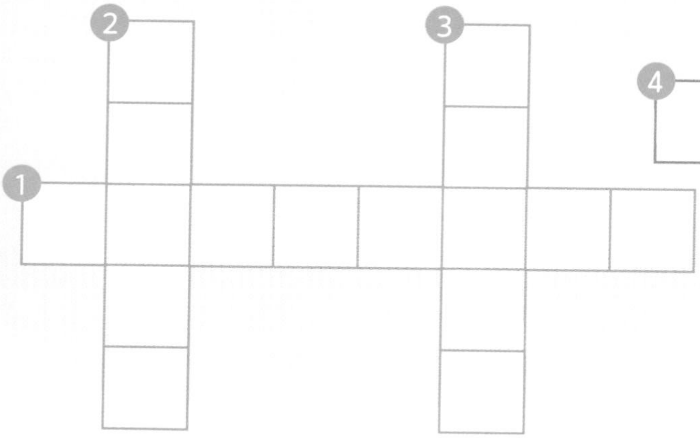

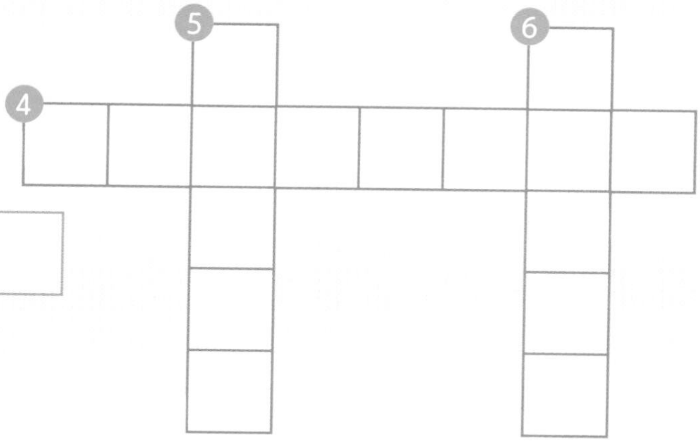

DAY 79

받침 기역(ㄱ)과 초성 /ㅅ/ 소리가 연이어 나요.

잘 듣고 발음을 쓴 후, 영단어를 따라 쓰세요.

box
/baːks/

발음 쓰기!

box box box

fox
/faːks/

fox fox fox

fix
/fɪks/

fix fix fix

taxi
/'tæksi/

taxi taxi taxi

exit
/'eksɪt/

exit exit exit

box 상자 fox 여우 fix 고정시키다 taxi 택시 exit 출구, 비상구

DAY 80 X

받침 기역(ㄱ)과 /z/ 발음이 연이어 나기도 하고, /z/ 발음만 나기도 해요.

 잘 듣고 발음을 쓴 후, 영단어를 따라 쓰세요.

exam
/ɪg'zæm/

발음 쓰기!

exam exam exam

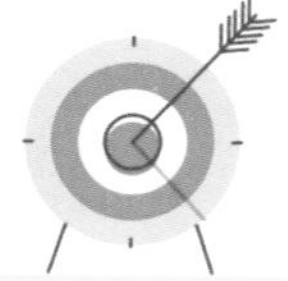

exact
/ɪg'zækt/

exact exact exact

exhibit
/ɪg'zɪbɪt/

exhibit exhibit exhibit

example
/ɪg'zæmpl/

example example example

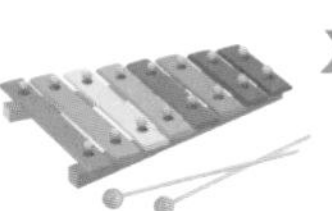

xylophone
/'zaɪləfoʊn/

xylophone xylophone

exam 시험 exact 정확한 exhibit 전시하다 example 예, 예시 xylophone 실로폰

exam은 examination의 줄임말입니다.

DAY 81

모음 앞의 y는 살짝 /이/ 하고 발음해요.

 잘 듣고 발음을 쓴 후, 영단어를 따라 쓰세요.

yoga
/ˈjoʊgə/

발음 쓰기!

yoga yoga yoga

yard
/jaːrd/

yard yard yard

yell
/jel/

yell yell yell

yellow
/ˈjeloʊ/

yellow yellow yellow

yacht
/jaːt/

yacht yacht yacht

yoga 요가 yard 마당 yell 소리치다 yellow 노란색 yacht 요트

DAY 82 Y

y가 단어 끝에 있는 경우 /이/로 소리 나요.

 잘 듣고 발음을 쓴 후, 영단어를 따라 쓰세요.

ready
/ˈredi/

발음 쓰기!

ready ready ready

candy
/ˈkændi/

candy candy candy

hungry
/ˈhʌŋgri/

hungry hungry hungry

family
/ˈfæməli/

family family family

memory
/ˈmeməri/

memory memory memory

ready 준비된 candy 사탕 hungry 배고픈 family 가족 memory 기억(력)

DAY 83

y는 단어 끝에서 /아이/로 발음되기도 해요.

 잘 듣고 발음을 쓴 후, 영단어를 따라 쓰세요.

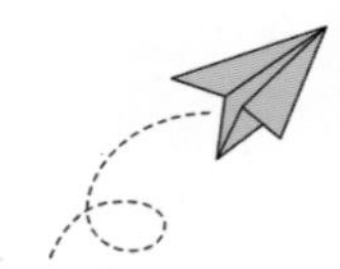

fly
/flaɪ/

발음 쓰기!

fly fly fly

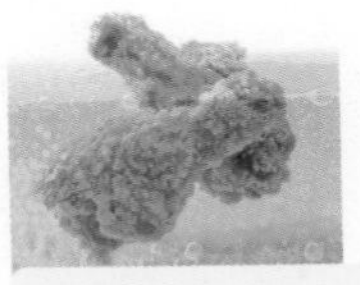

fry
/fraɪ/

fry fry fry

cry
/kraɪ/

cry cry cry

dry
/draɪ/

dry dry dry

shy
/ʃaɪ/

shy shy shy

fly 날다 fry (기름에) 튀기다 cry 울다 dry 건조한 shy 수줍은

DAY 84 Z

윗니와 아랫니를 모으고 공기를 입 밖으로 내보내면서 /ㅈ/ 소리를 내 보세요. 이 사이에서 진동하는 느낌이 나야 합니다.

잘 듣고 발음을 쓴 후, 영단어를 따라 쓰세요.

zoo /zuː/

발음 쓰기!

zoo zoo zoo

zebra /ˈziːbrə/

zebra zebra zebra

zigzag /ˈzɪɡzæɡ/

zigzag zigzag zigzag

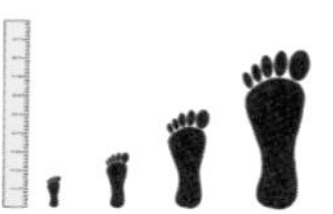

size /saɪz/

size size size

lazy /ˈleɪzi/

lazy lazy lazy

zoo 동물원　zebra 얼룩말　zigzag 지그재그　size 크기　lazy 게으른

QUIZ 1 Listen and Choose

잘 듣고 빈칸에 알맞은 알파벳을 채워 넣어 단어를 완성하세요.

①

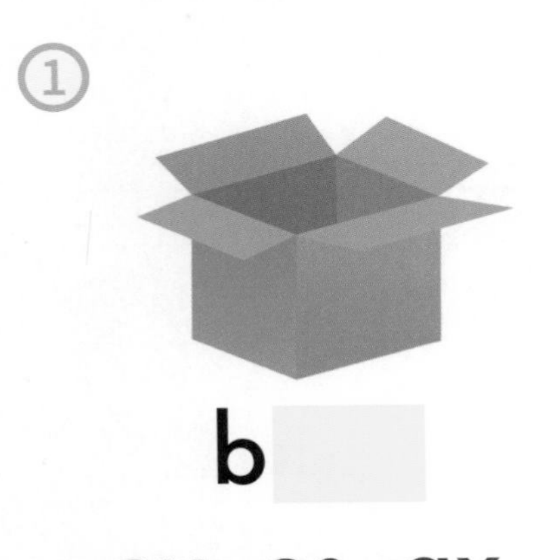

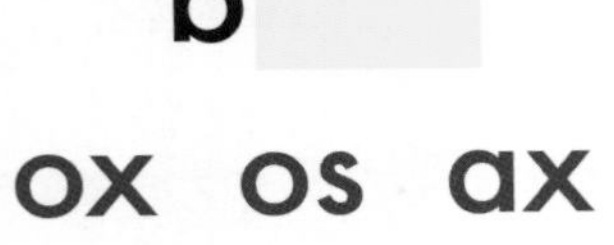

b ____

ox os ax

②

____ ga

jo yo po

③

____ am

eg ax ex

④

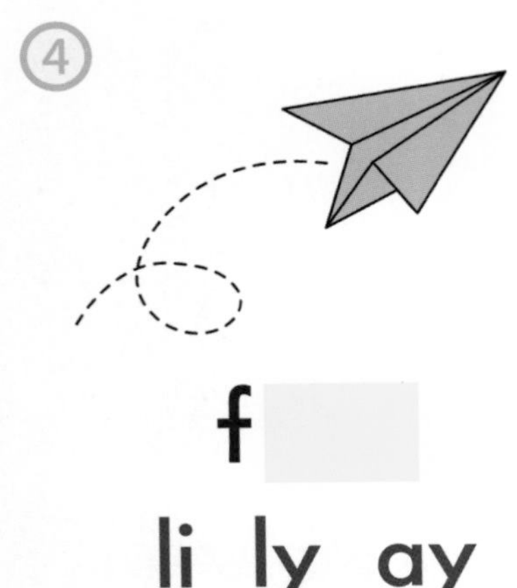

f ____

li ly ay

⑤

____ oo

s z j

⑥

can ____

dy by di

⑦

ta ____

xi xe ci

⑧

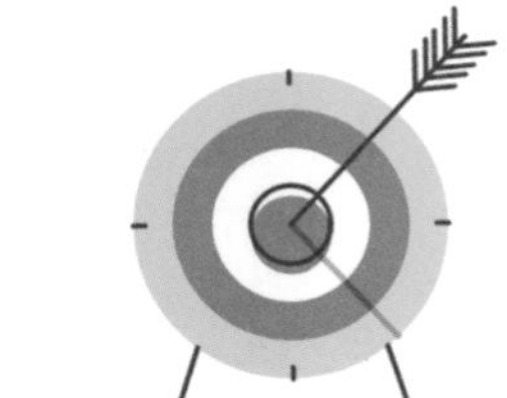

____ act

eg ex ax

⑨

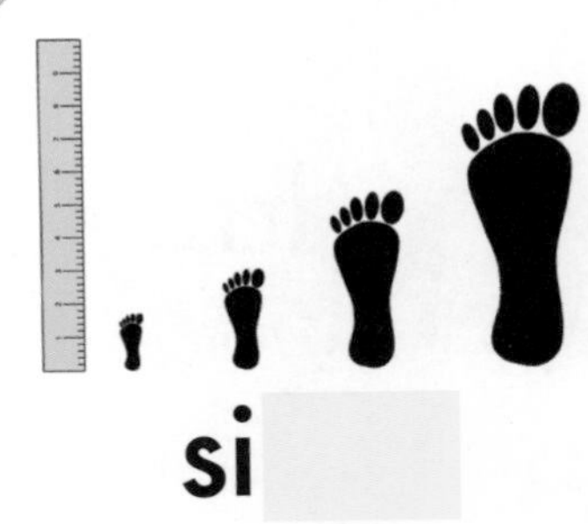

si ____

ce se ze

QUIZ 2 Listen and Write

잘 듣고 주어진 알파벳을 알맞게 배열하세요.

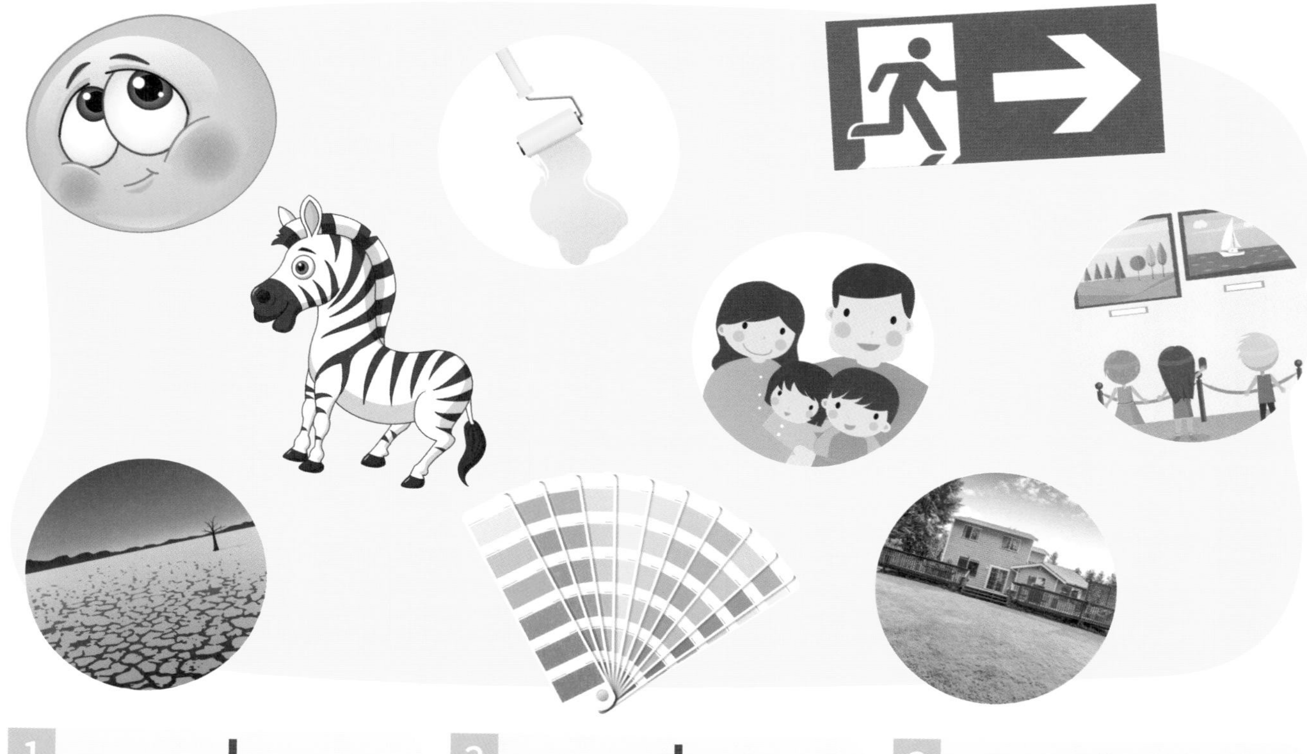

1 adry

2 yhs

3 xiet

4 bearz

5 lifyma

6 xitbhie

7 lewloy

8 dyr

9 xleemap

QUIZ 3 Listen and Fill in the Blank

잘 듣고 단어의 빈칸을 채운 후, 단어 뜻에 해당하는 그림과 연결하세요.

1. f ◯◯
2. c ◯◯
3. ◯◯ cht
4. f ◯◯
5. hun ◯◯◯
6. la ◯◯
7. ◯◯◯ ra
8. ◯◯ am
9. ◯◯ lophone
10. ◯◯ hibit

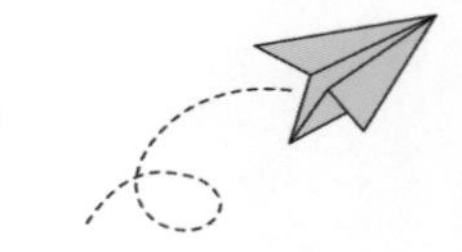

QUIZ 4 Crossword Puzzle

잘 듣고 단어 퍼즐을 완성하세요!

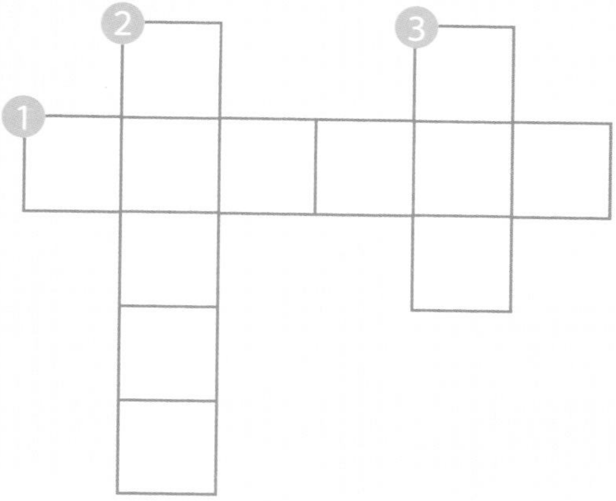

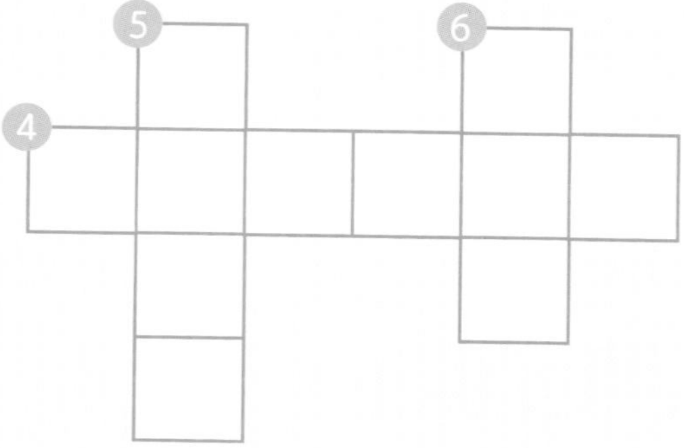

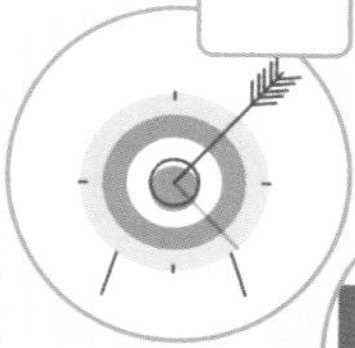

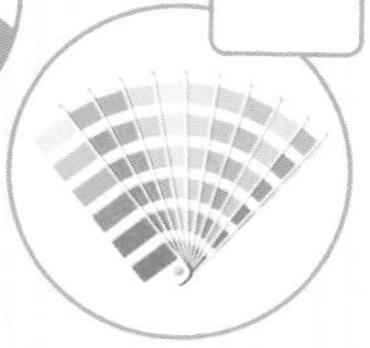

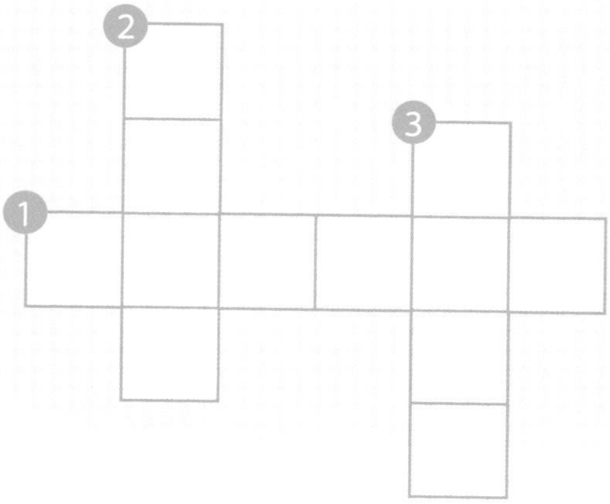

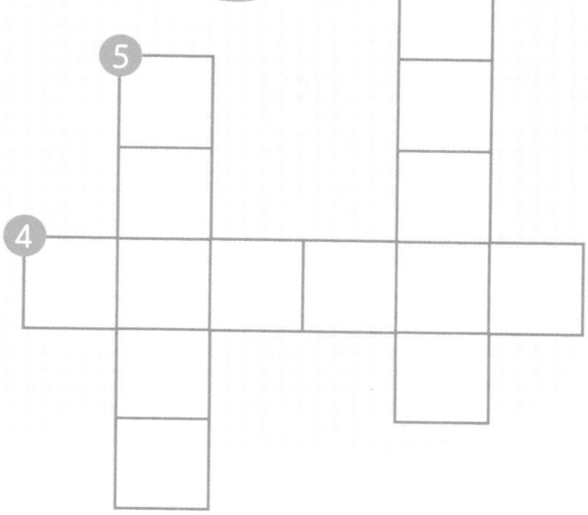

1 2 3

4 5 6

1 2 3

4 5 6

정답

22쪽

23쪽

24쪽

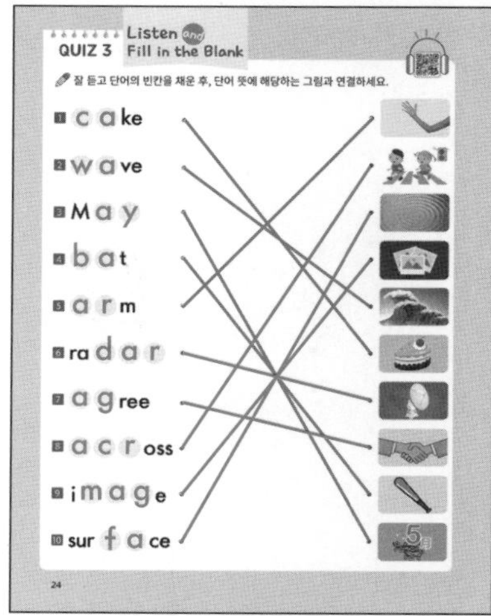

25쪽

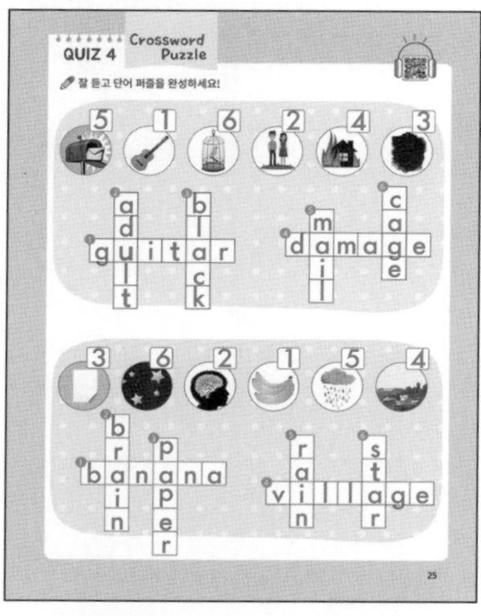

32쪽

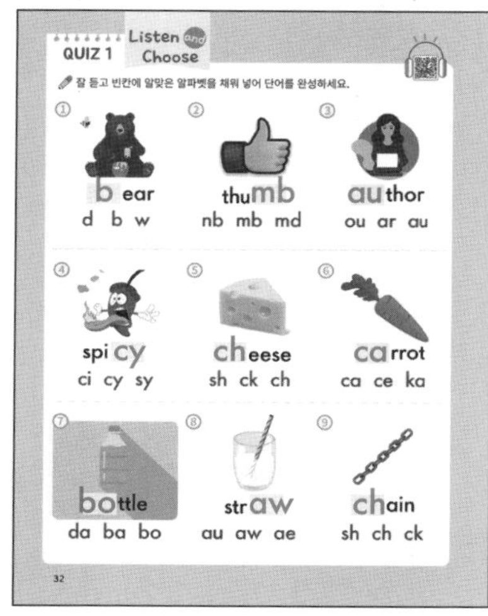

33쪽

34쪽

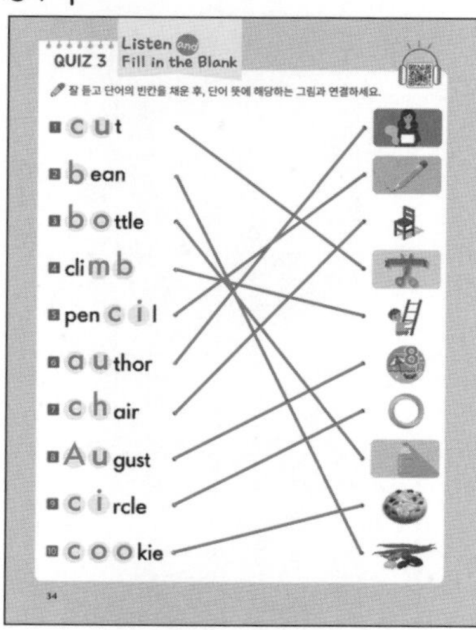

35쪽

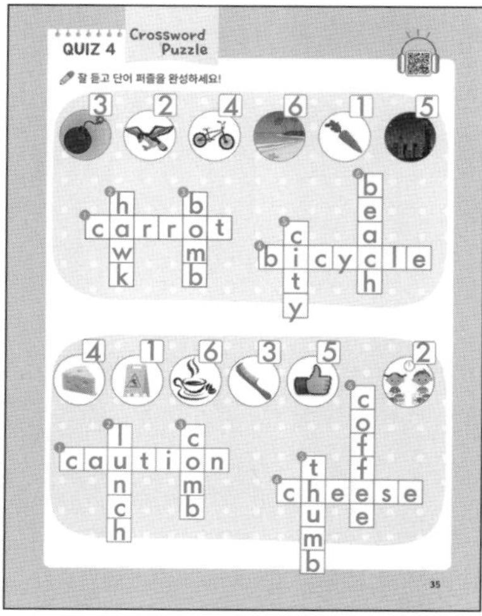

42쪽

43쪽

Listen and Write
QUIZ 2
잘 듣고 주어진 알파벳을 알맞게 배열하세요.

1 ukcd duck 2 hoce echo 3 nidw wind
4 ugrd drug 5 icjeu juice 6 tcens scent
7 ndisett dentist 8 cniseec science 9 ceeap peace

43

44쪽

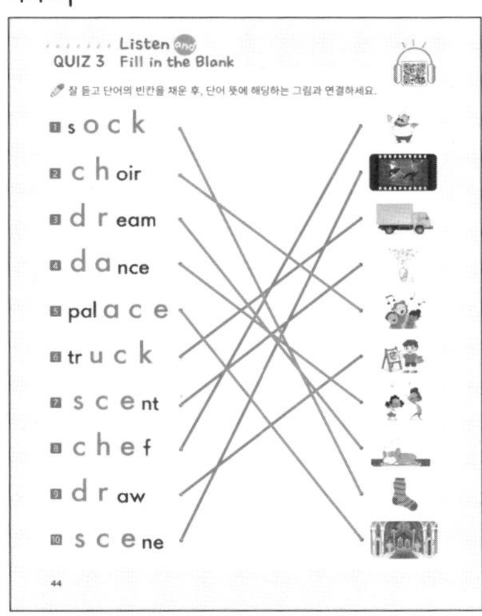
Listen and Fill in the Blank
QUIZ 3
잘 듣고 단어의 빈칸을 채운 후, 단어 뜻에 해당하는 그림과 연결하세요.

1 sock
2 choir
3 dream
4 dance
5 palace
6 truck
7 scent
8 chef
9 draw
10 scene

44

45쪽

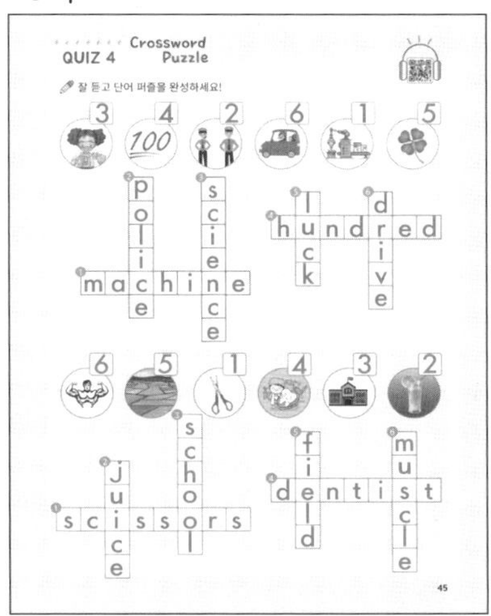
Crossword Puzzle
QUIZ 4
잘 듣고 단어 퍼즐을 완성하세요!

3 4 2 6 1 5
police, science, hundred, lock, drive, machine
6 5 1 4 3 2
school, field, muscle, juice, dentist, scissors

45

52쪽

Listen and Choose
QUIZ 1
잘 듣고 빈칸에 알맞은 알파벳을 채워 넣어 단어를 완성하세요.

1 bed (be ba ve) 2 love (be va ve) 3 hero (hi he be)
4 rotten (em en in) 5 few (eu ew aw) 6 Europe (Fu Ew Eu)
7 singer (er ar et) 8 below (bi be de) 9 tower (ar eh er)

52

53쪽

Listen and Write
QUIZ 2
잘 듣고 주어진 알파벳을 알맞게 배열하세요.

1 geg egg 2 ivwe view 3 nseev seven
4 eirgt tiger 5 tteelr letter 6 snreu nurse
7 vreef fever 8 noest stone 9 nevo oven

53

54쪽

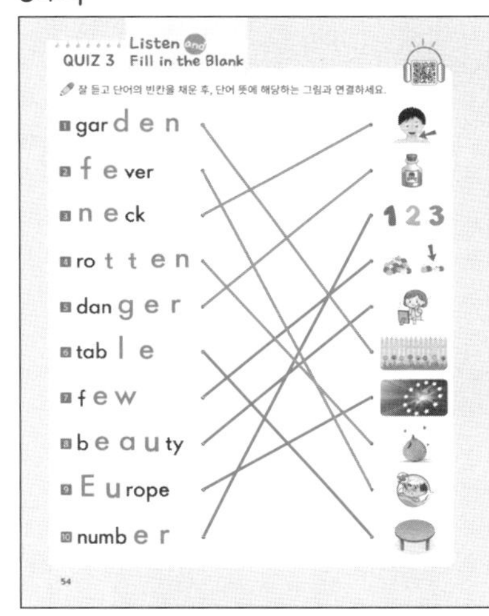
Listen and Fill in the Blank
QUIZ 3
잘 듣고 단어의 빈칸을 채운 후, 단어 뜻에 해당하는 그림과 연결하세요.

1 garden
2 fever
3 neck
4 rotten
5 danger
6 table
7 few
8 beauty
9 Europe
10 number

54

55쪽

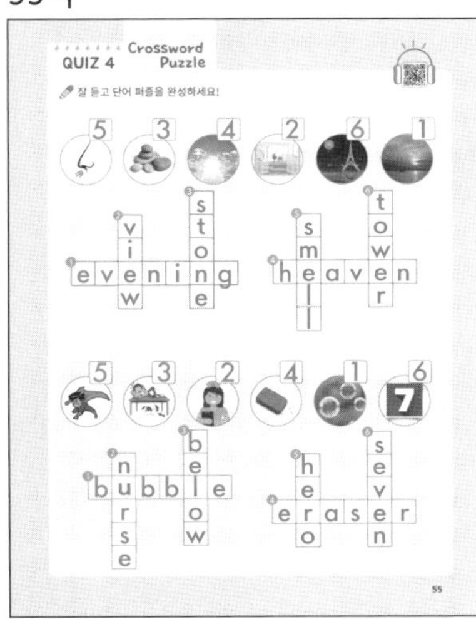
Crossword Puzzle
QUIZ 4
잘 듣고 단어 퍼즐을 완성하세요!

5 3 4 2 6 1
view, stone, small, tower, evening, heaven
5 3 2 4 1 6
below, nurse, bubble, he, seven, eraser

55

62쪽

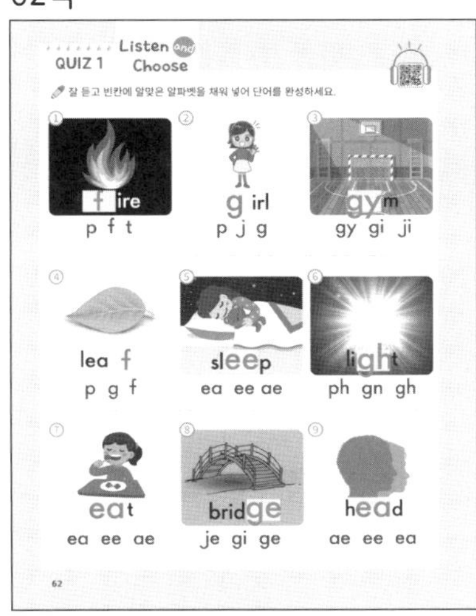
Listen and Choose
QUIZ 1
잘 듣고 빈칸에 알맞은 알파벳을 채워 넣어 단어를 완성하세요.

1 fire (p f t) 2 girl (p j g) 3 gym (gy gi ji)
4 leaf (p g f) 5 sleep (ea ee ae) 6 light (ph gn gh)
7 eat (ea ee ae) 8 bridge (je gi ge) 9 head (ae ee ea)

62

63쪽

Listen and Write
QUIZ 2
잘 듣고 주어진 알파벳을 알맞게 배열하세요.

1 enreg green 2 febe beef 3 lovge glove
4 nagti giant 5 rebda bread 6 eglna angel
7 aphce peach 8 ewofrl flower 9 gfith fight

63

정답

64쪽

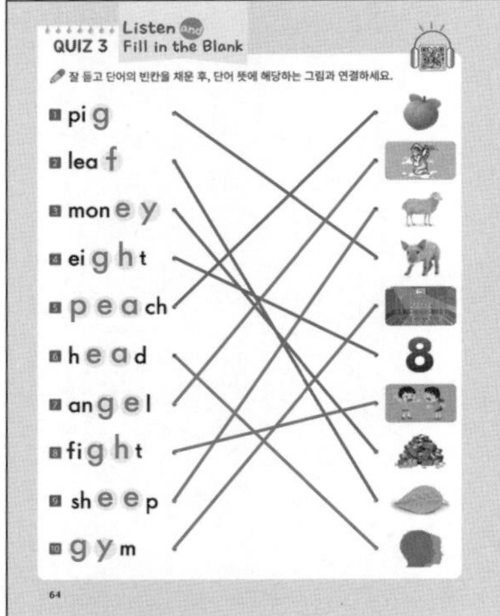

65쪽

72쪽

73쪽

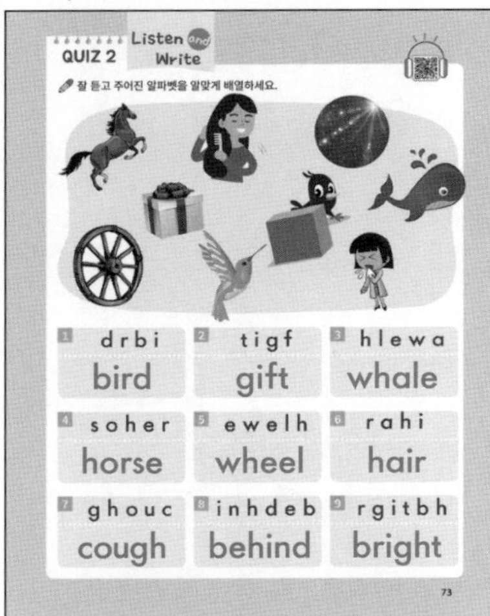

74쪽

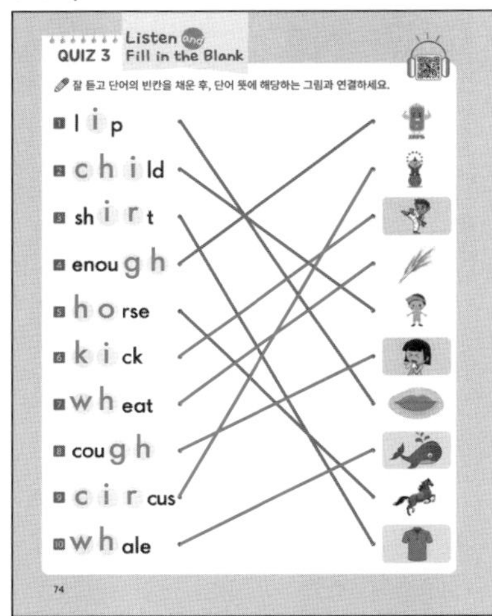

75쪽

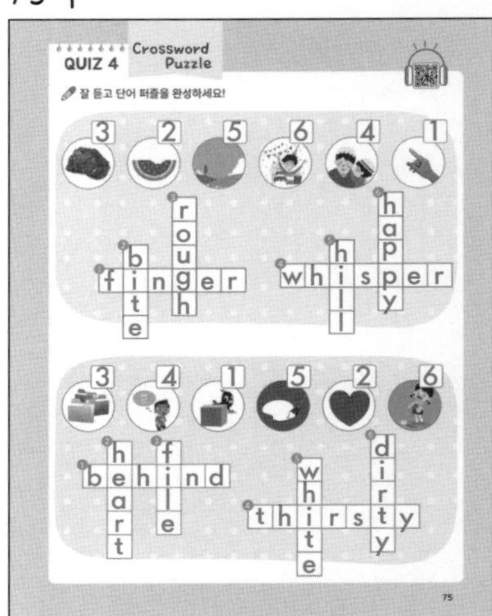

82쪽

83쪽

84쪽

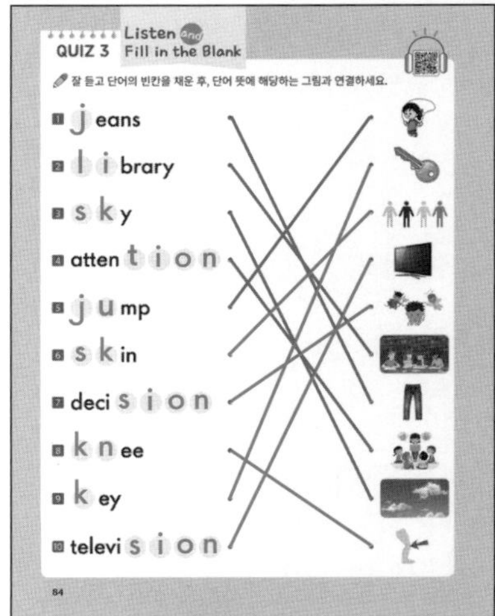

85쪽

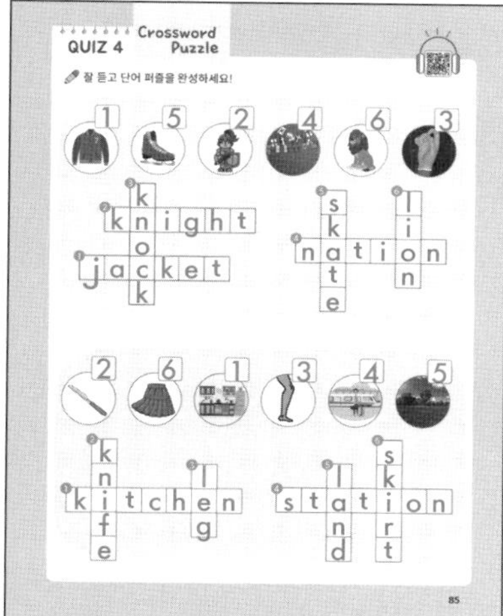

92쪽

93쪽

94쪽

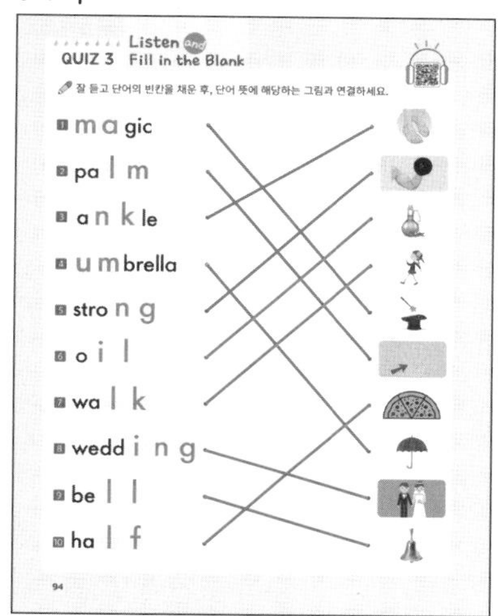

95쪽

102쪽

103쪽

104쪽

105쪽

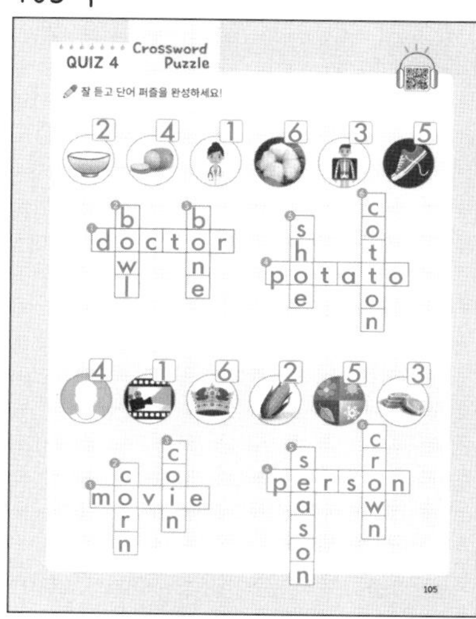

정답

112쪽

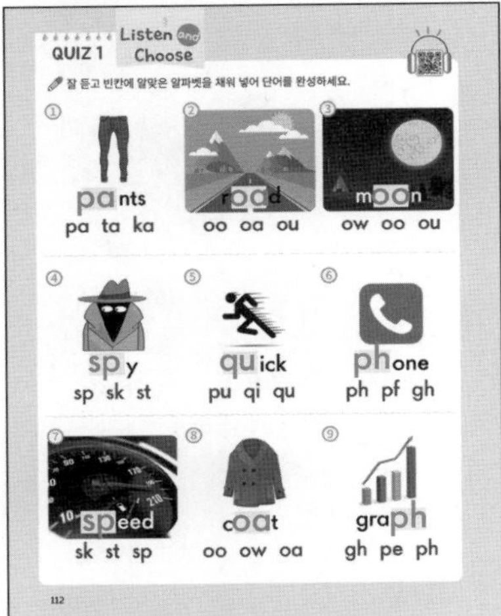
QUIZ 1 Listen and Choose

잘 듣고 빈칸에 알맞은 알파벳을 채워 넣어 단어를 완성하세요.

① pants — pa ta ka
② road — oo oa ou
③ moon — ow oo ou
④ spy — sp sk st
⑤ quick — pu qi qu
⑥ phone — ph pf gh
⑦ speed — sk st sp
⑧ coat — oo ow oa
⑨ graph — gh pe ph

112

113쪽

QUIZ 2 Listen and Write

잘 듣고 주어진 알파벳을 알맞게 배열하세요.

1 posa — soap
2 thpoo — photo
3 ootr — root
4 olop — pool
5 oabt — boat
6 ragpe — grape
7 acsep — space
8 ueqti — quiet
9 rhypto — trophy

113

114쪽

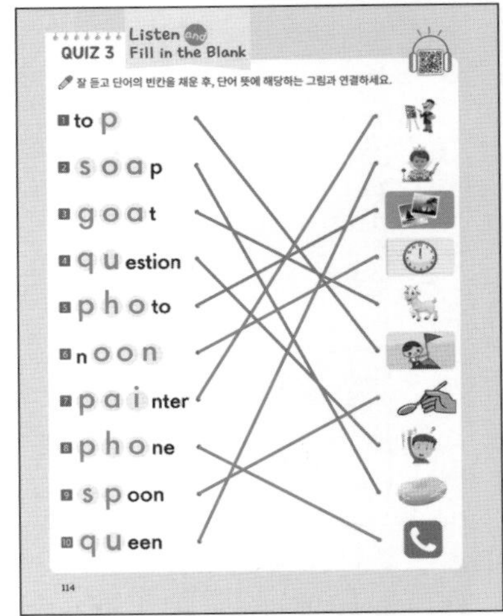
QUIZ 3 Listen and Fill in the Blank

잘 듣고 단어의 빈칸을 채운 후, 단어 뜻에 해당하는 그림과 연결하세요.

1 top
2 soap
3 goat
4 question
5 photo
6 noon
7 painter
8 phone
9 spoon
10 queen

114

115쪽

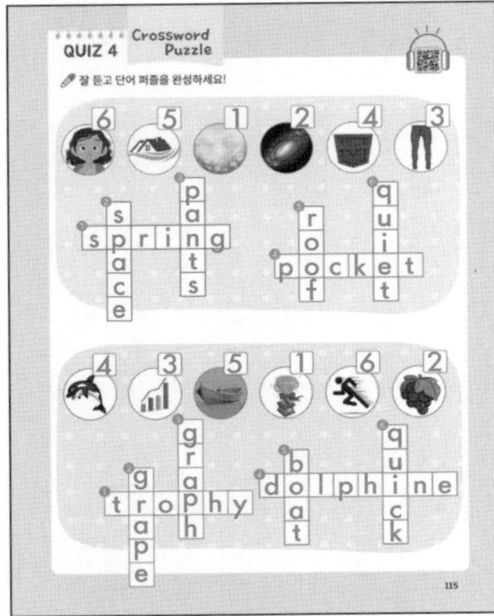
QUIZ 4 Crossword Puzzle

잘 듣고 단어 퍼즐을 완성하세요!

spring, space, pants, roof, pocket, quiet

trophy, grape, graph, dolphine, boat, quick

115

122쪽

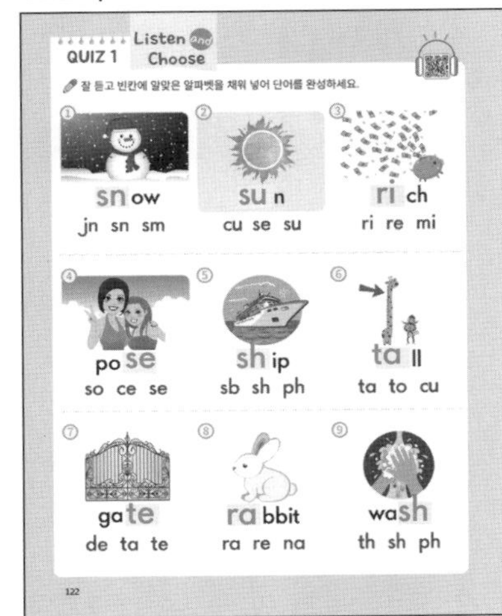
QUIZ 1 Listen and Choose

잘 듣고 빈칸에 알맞은 알파벳을 채워 넣어 단어를 완성하세요.

① snow — jn sn sm
② sun — cu se su
③ rich — ri re mi
④ pose — so ce se
⑤ ship — sb sh ph
⑥ tall — ta to cu
⑦ gate — de ta te
⑧ rabbit — ra re na
⑨ wash — th sh ph

122

123쪽

QUIZ 2 Listen and Write

잘 듣고 주어진 알파벳을 알맞게 배열하세요.

1 wlos — slow
2 edra — read
3 asdn — sand
4 sdhi — dish
5 taf — fat
6 ysbu — busy
7 wnbteee — between
8 tcorke — rocket
9 mraces — scream

123

124쪽

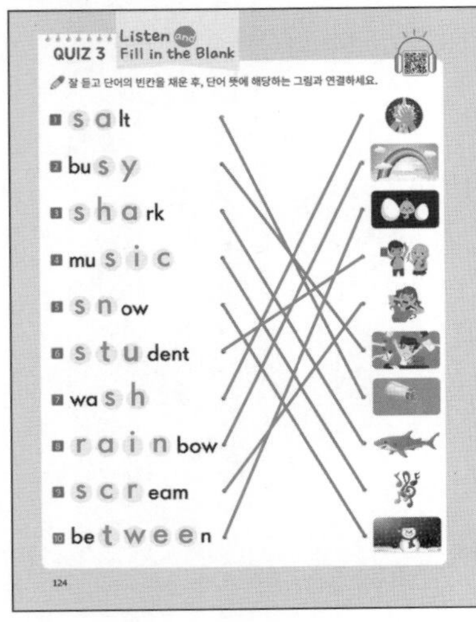
QUIZ 3 Listen and Fill in the Blank

잘 듣고 단어의 빈칸을 채운 후, 단어 뜻에 해당하는 그림과 연결하세요.

1 salt
2 busy
3 shark
4 music
5 snow
6 student
7 wash
8 rainbow
9 scream
10 between

124

125쪽

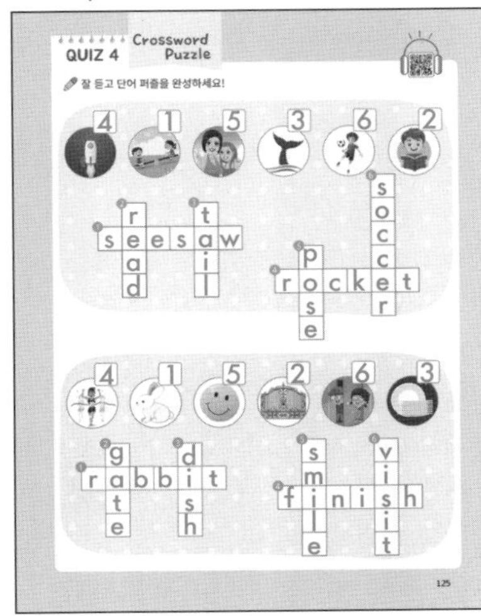
QUIZ 4 Crossword Puzzle

잘 듣고 단어 퍼즐을 완성하세요!

seesaw, read, tail, rocket, soccer, pose

rabbit, gate, dish, smile, finish, visit

125

132쪽

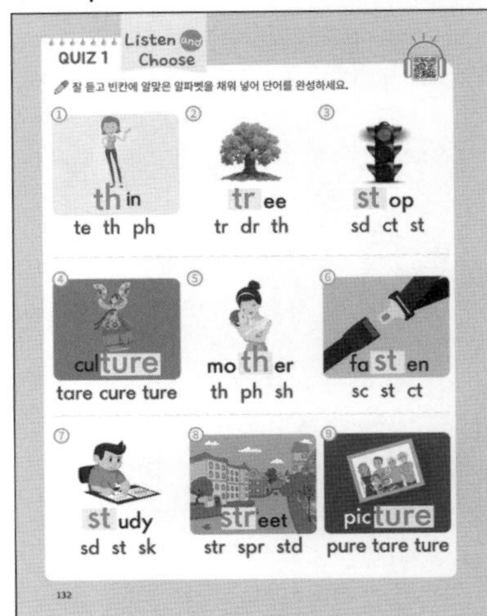
QUIZ 1 Listen and Choose

잘 듣고 빈칸에 알맞은 알파벳을 채워 넣어 단어를 완성하세요.

① thin — te th ph
② tree — tr dr th
③ stop — sd ct st
④ culture — tare cure ture
⑤ mother — th ph sh
⑥ fasten — sc st ct
⑦ study — sd st sk
⑧ street — str spr std
⑨ picture — pure tare ture

132

133쪽

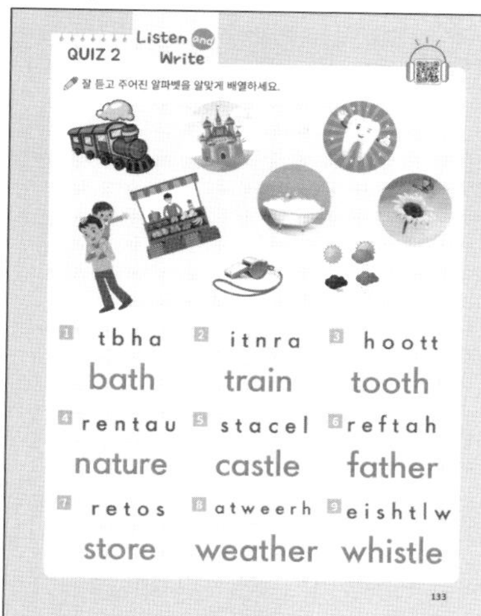

QUIZ 2 Listen and Write
1 tbha bath
2 itnra train
3 hoott tooth
4 rentau nature
5 stacel castle
6 reftah father
7 retos store
8 atweerh weather
9 eishtlw whistle
133

134쪽

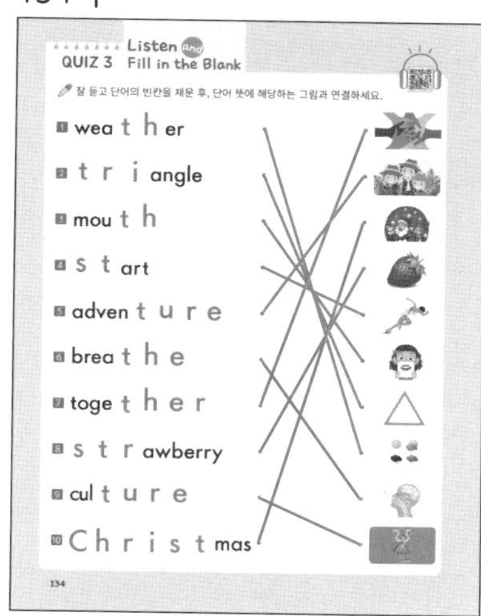

QUIZ 3 Fill in the Blank
1 wea t h er
2 t r i angle
3 mou t h
4 s t art
5 adven t u r e
6 brea t h e
7 toge t h e r
8 s t r awberry
9 cul t u r e
10 C h r i s t mas
134

135쪽

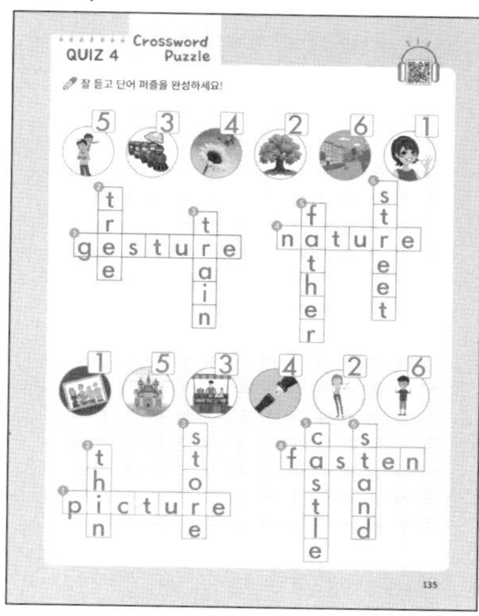

142쪽

QUIZ 1 Listen and Choose
1 hunt ha hu bu
2 cute cu tu ce
3 push po pw pu
4 wall wa ua wu
5 voice vo va bo
6 whole wb wh uh
7 computer po pw pu
8 mouse au ou ow
9 video ve vi ce
142

143쪽

QUIZ 2 Listen and Write
1 lueg glue
2 ulipt tulip
3 usrhb brush
4 rgwno wrong
5 yevah heavy
6 rewta water
7 nrude under
8 giwn wing
9 waersn answer
143

144쪽

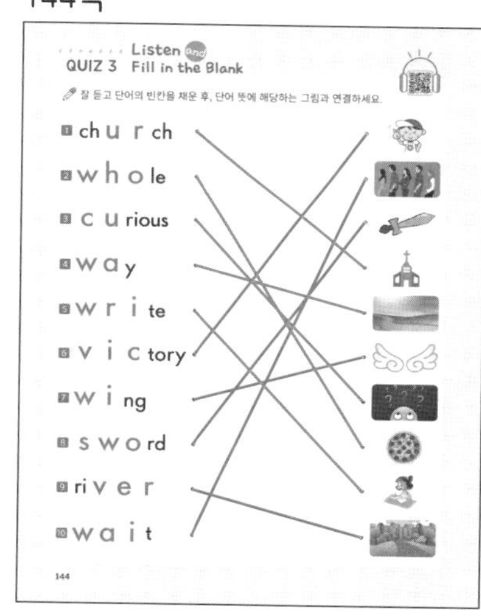

145쪽

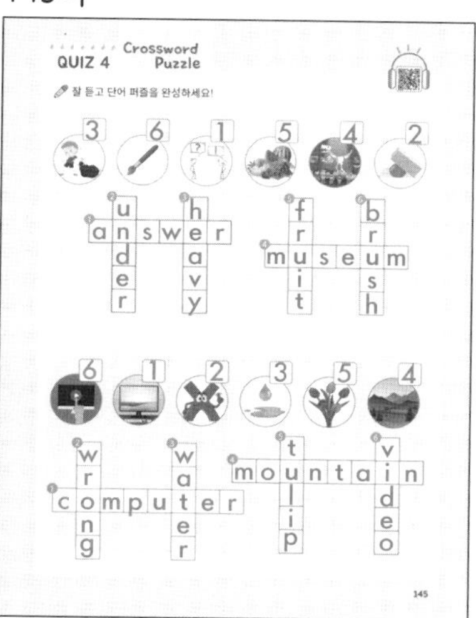

152쪽

153쪽

QUIZ 2 Listen and Write
1 adry yard
2 yhs shy
3 xiet exit
4 bearz zebra
5 lifyma family
6 xitbhie exhibit
7 lewloy yellow
8 dyr dry
9 xleemap example
153

정답

154쪽

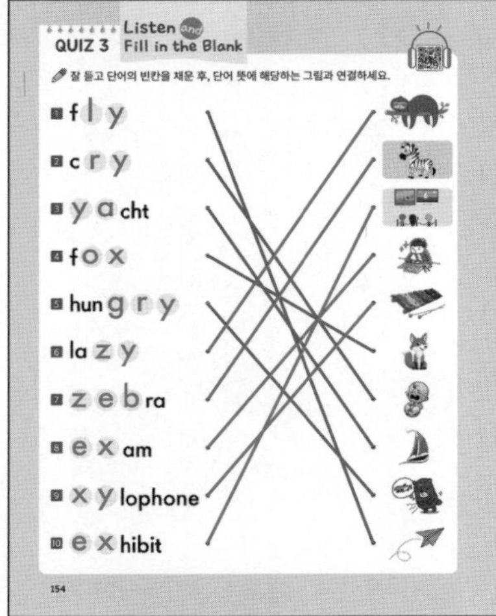

QUIZ 3 Listen and Fill in the Blank

잘 듣고 단어의 빈칸을 채운 후, 단어 뜻에 해당하는 그림과 연결하세요.

1. fly
2. cry
3. yacht
4. fox
5. hungry
6. lazy
7. zebra
8. exam
9. xylophone
10. exhibit

154

155쪽

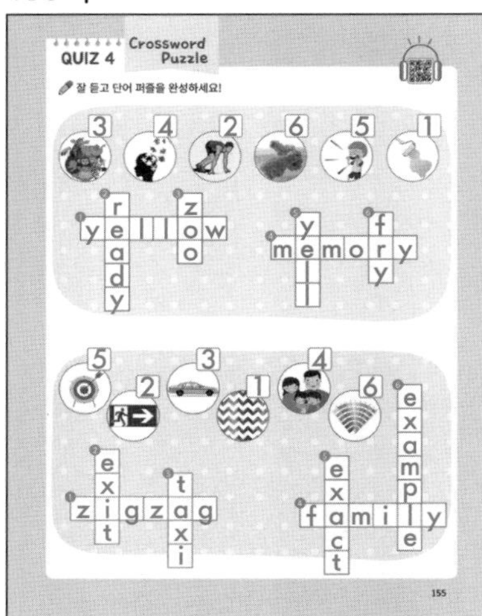

QUIZ 4 Crossword Puzzle

잘 듣고 단어 퍼즐을 완성하세요!

3 4 2 6 5 1

ready, yellow, zoo, yell, memory, fry

5 2 3 1 4 6

exit, zigzag, taxi, exact, family, example

155